*Illustrazione in copertina*
*a cura di Mattia Scalampa*

*Prefazione*
*a cura di Riccardo Mattia*

*© 2019 Mauro Scalampa*
*Finito di scrivere in Ottobre 2019*
*I edizione Novembre 2019*
*Edito da Lulu*

*ISBN 978-0-244-24066-0*

*www.magichenergie.eu*
*magichenergie@gmail.com*

*Dal punto di Luce entro la Mente di Dio*
*Affluisca luce nelle menti degli uomini.*
*Scenda Luce sulla Terra.*

*Dal punto di Amore entro il Cuore di Dio*
*Affluisca Amore nei cuori degli uomini.*
*Possa il Cristo tornare sulla Terra.*

*Dal centro ove il Volere di Dio è conosciuto*
*Il proposito guidi i piccoli propositi degli uomini;*
*Il proposito che i Maestri conoscono e servono.*

*Dal centro che viene detto il genere umano*
*Si svolga il Piano di Amore e di Luce.*
*E possa sbarrare la porta dietro cui il male risiede.*

*Che Luce, Amore e Potere ristabiliscano il Piano sulla Terra.*

Mauro Scalampa

I segreti della
# Pentasfera
Manuale d'uso

*Dedico queste pagine a tutti coloro*
*che sono in cammino, alla ricerca*
*della propria essenza Divina.*

# Indice

# Prefazione

Conosco Mauro da diversi anni, perché frequentiamo la stessa scuola di counseling e comunicazione a Roma. Inizialmente, ciò che mi ha colpito di lui è stata la sua indole giocosa, in grado di spezzare con una battuta ogni momento di tensione; tuttavia, molto presto qualcos'altro ha attirato la mia attenzione: in un primo momento mi sembrava che Mauro parlasse per enigmi, citando cose che una mente razionale come la mia comprendeva e accettava con non poca fatica. Solo dopo capii che le sue conoscenze derivassero da un percorso di studio e personale, che lo aveva accompagnato per tutta la vita e che seguiva un orientamento di tipo olistico ed esoterico.

La verità è che, per quanto io possa definirmi una persona razionale, una parte di me è sempre stata aperta e curiosa nei confronti di ciò che è altro, rispetto alla realtà tangibile; allo stesso modo, pur non essendo mai stato un grande frequentatore di Chiese, sento di avere una forte spiritualità. Nella vita, sono un insegnante di lingua italiana per stranieri e mi dedico anche alla correzione di testi. Quando Mauro mi ha proposto di curare il suo libro mi sono reso disponibile da subito, proprio perché sapevo sarebbe stata un'ottima occasione per soddisfare la mia curiosità e la mia sete di conoscenza. Così è stato. Ho trovato molto interessante il suo contenuto, non solo perché mi ha permesso di accedere a un sapere a me completamente ignoto, ma perché mi ha messo maggiormente in contatto con una dimensione Sacra. La sacralità si basa su un'idea fondamentale: l'opera di Mauro, infatti, è pervasa dal principio secondo il quale tutto faccia parte dell'Uno e l'Uno si trovi in ogni cosa. Secondo questo manuale, esiste una Sapienza antica, che la maggior parte di noi ha dimenticato. Un sapere che è frutto di una ricerca costante, che richiede impegno e fede, ma che eleva l'individuo dalla sua mera dimensione terrena, ricordandogli di essere una scintilla divina.

L'Universo risponde a delle leggi ben definite, che accomunano tutti gli elementi del Creato. Proseguendo nella lettura, vi accorgerete di come ogni cosa abbia un suo significato e una sua importanza, persino ciò che consideriamo ordinario. Prendiamo, per esempio, i colori: Mauro ne illustra il simbolismo, le proprietà e i benefici, rivelando, così, la loro natura, tutt'altro che materiale.

A sostegno della mia tesi, ci sono altri elementi: vi accorgerete di come la numerologia giochi un ruolo significativo nelle nostre vite; di come le figure geometriche non servano solo per calcolare il diametro di un cerchio o l'area di un triangolo, in un problema di matematica; di come l'Oroscopo abbia un significato più profondo, rispetto a quello che potete sentire in televisione. A questo proposito, ho trovato molto interessante l'accostamento dei 12 Segni

Zodiacali, con il mito delle 12 Fatiche di Eracle, metafora del percorso che ogni eroe deve compiere per elevarsi alla divinità, da una natura inferiore.

*I segreti della Pentasfera* di Mauro, tuttavia, non vuole solo condividere un insieme di conoscenze utili alla crescita e al benessere dell'individuo, ma, prima di tutto, presentare quella che è stata una delle sue principali attività, in questi ultimi anni: la costruzione delle Pentasfere. Attività alla quale Mauro si è dedicato senza sosta, con passione e dedizione, con un importante investimento di energie, anche perché lo porta a spostarsi di frequente. Lascerò che sia lui a parlarvene, nel dettaglio, nei prossimi capitoli del libro. A me preme sottolineare alcune cose: innanzitutto, ho trovato quest'opera estremamente curata. Il modo di comunicare di Mauro è semplice ed efficace, soprattutto nel discutere di argomenti che, in apparenza, potrebbero sembrare riservati agli addetti ai lavori, rendendoli, così, alla portata di tutti; la volontà di condividere la propria esperienza di vita, il proprio percorso di crescita spirituale e formativo, è, a mio avviso, un'ulteriore prova della natura altruistica, con cui è stato concepito questo manuale. D'altronde, è necessario che, chi si accinge alla costruzione delle Pentasfere, abbia intrapreso lui stesso un viaggio alla scoperta di sé; non ho ancora avuto la possibilità di sperimentare gli effetti di questa struttura di persona, perché la nostra è stata principalmente una collaborazione a distanza. Tuttavia, non solo posso dichiarare di essere estremamente curioso di pormi anch'io all'interno di una Pentasfera, ma credo che al mio posto possano parlare tutte quelle persone che hanno incontrato Mauro nei tanti festival e conferenze a cui lui ha partecipato, dimostrandosi tutti soddisfatti; infine, il libro è ricco di riferimenti bibliografici e sitografici, molto utili per ampliare le proprie conoscenze sui vari argomenti trattati.

A questo punto, non mi resta che augurarvi una buona lettura, confidando che *I segreti della Pentasfera* possano arricchire anche voi, espandere i vostri orizzonti mentali e infondervi il senso del Sacro..

*Riccardo Mattia*

# Introduzione

Le ragioni che mi hanno spinto a scrivere questo manuale, sono molteplici e di diverso tipo. Una di queste, viene da una richiesta di amici a me cari, e ha come intento quello di voler mettere in chiaro il divario che separa la sapienza dei maestri costruttori, da coloro che operano esclusivamente per mero profitto, senza la minima conoscenza della disciplina. Tuttavia, se questo libro ha visto la luce, è per un motivo in particolare: tenere fede alla volontà di mio figlio Mattia, ovvero preservare il sapere di tale disciplina, affinché, non solo non rischi di andare perduta, ma possa essere divulgata e alla portata di tutti. Condivido e accolgo tali richieste, perché, effettivamente, ritengo utile e necessario dare un giusto ordine alle cose, oltre che delle regole ben precise e un linguaggio appropriato alla disciplina in questione. Un libro esisterà nel tempo, e sarà a disposizione per coloro che sentiranno il bisogno di cimentarsi nella costruzione delle Pentasfere. Tuttavia, bisogna sottolineare che ogni buon Mastro Costruttore, dovrà mettersi in gioco, condividendo il sapere maturato dal proprio percorso evolutivo, qualunque esso sia, attingere dalle proprie esperienze personali, ma soprattutto fare tesoro della saggezza di coloro che prima di lui hanno operato e divulgato il loro sapere. Un Mastro Costruttore che opera nel dare vita a queste strutture energetiche, e nel portarle su questo piano d'esistenza fenomenico, non perfetto, non può non avere la padronanza di tale scienza. I Mastri Costruttori hanno abbracciato uno studio esoterico e lo custodiscono nel proprio bagaglio culturale, operano tramite la padronanza delle strutture archetipiche di geometria Sacra, e possiedono la conoscenza delle proporzioni auree e delle Forze Universali. Solo in questo modo si è in grado di riprodurre la rappresentazione simbolica del creato, non arrivando, tuttavia, alla perfezione (e direi per ovvi motivi). Operano attraverso le energie sottili (Orgone, Prana, Qi, ecc.), per rendere consapevole l'uomo del suo Essere Divino, per ristabilire l'indispensabile equilibrio tra l'essere umano e ciò che lo circonda, compresa la natura stessa. Inoltre, è necessario tenere ben in considerazione la nostra responsabilità, avere ben chiaro quale sia l'intenzione con cui operiamo, e quali siano le finalità e le motivazioni che ci spingono a diventare dei costruttori. Una responsabilità morale in relazione a un dovere etico, in special modo quando la nostra opera non è rivolta solo ed esclusivamente a noi stessi, ma viene data ad altri la possibilità di farla propria, e quindi nel rispetto di quelle persone che ci donano la loro fiducia. Preservare il sapere, usarlo per il bene altrui e tramandarlo ai posteri, sono sempre stati punti fermi dell'umanità. Basti pensare all'antica tradizione sapienziale trasmessa da bocca a orecchio, le decine di rotoli e tomi gelosamente custoditi, e alle cattedrali, vere e proprie enciclopedie in pietra, tutto il sapere esoterico a disposizione di pochi studiosi e iniziati. Con il massimo rispetto, credo fermamente che, ai giorni nostri, forse sia arrivato il tempo di dare qualche piccola perla di saggezza, magari tramite opere scritte ed esperienze personali, per introdurre chi è armato di curiosità, alla conoscenza di sé stessi, e invitare le persone alla comprensione di altri saperi.

Il Dott. Derald Langham riconosceva questa struttura come:
*«un modello che può portarci da un'esperienza di apprendimento all'altra, integrare ciò che conosciamo e indagare su ciò che non conosciamo».*

# Capitolo 1

## Dalla ricerca alla Pentasfera

La sete di conoscenza, presto o tardi, porta a ricercare le risposte alle grandi domande su cui da sempre ci interroghiamo. Percorrendo questo cammino, a un certo punto, si ha la netta sensazione che alcune scienze, anche se a piccoli sussurri, sia necessario condividerle.

*«Nessuna conoscenza, se pur eccellente e salutare, mi darà gioia se la apprenderò per me solo. Se mi si concedesse la sapienza con questa limitazione, di tenerla chiusa in me, rinunciando a diffonderla, la rifiuterei.» Seneca*

Una volta raggiunto un certo grado di conoscenza, l'ego non deve indossare la veste del guru, ma, con umiltà e pazienza, aprirsi al confronto, all'apprendere, alla speranza di incontrare un compagno d'armi, un amico fraterno con cui condividere lo studio. Insieme ci si spalleggia e ci si incoraggia nei momenti di scoramento. Soltanto adesso capisco che tale istinto è necessario. Questa consapevolezza è arrivata dopo un lungo percorso personale, non ancora terminato, e solo Dio sa se in questa vita sarà mai portato a compimento. Già da bambino le fatidiche domande "chi sono?", "da dove vengo?" e "dopo la vita cosa c'è?", occupavano la mia mente, e nella notte, o nei momenti di solitario silenzio, cercavo insistentemente le risposte. Risposte che non sono mai arrivate, direi oggi, o forse le ho ricevute, ma non le ho ancora capite; comunque, questa voglia di sapere, di conoscere, negli anni mi ha avvicinato all'arte. Rimanevo affascinato nel vedere con quanta disinvoltura i grandi maestri fossero capaci di ritrarre Dio nella creazione dell'uomo, e di quale raffinato sapere fossero a conoscenza, la padronanza delle forme e la fine sapienza nell'inserire nei dipinti sacri, i simboli che io paragonavo alle molliche di pane di Pollicino. Nel 1980 avevo quindici anni, e il maestro d'arte Adrian Americò Pio mi accolse nel suo studio come allievo. Ricordo che per un intero anno il mio lavoro era stare seduto su un panchetto di legno mentre egli dipingeva, ma allo stesso tempo apprendevo la tecnica e la disciplina dell'arte della pittura. Nelle nostre lunghe discussioni si parlava spesso dei colori, della composizione chimica dei pigmenti, di spettro visibile e invisibile, e della loro lunghezza d'onda. A volte si scendeva più in profondità nell'essenza del colore, nel significato più esoterico, alchemico, ovvero sulla facoltà dei colori di interagire sul piano sia umano che spirituale. Certo è, che lo studio sui colori aveva in me una forte presa: forse avevo la possibilità, finalmente, di accedere a quelle risposte che cercavo con tanta insistenza.

*«Il colore è un potere che influenza direttamente l'anima.»*
*Vasilij Kandinsky*

Tra i tanti libri d'Arte nello studio di Adrian, lessi di un certo Kandinsky e di come ebbe un repentino cambiamento della sua idea di pittura, da quella che era una esigenza di rinnovamento nell'espressione artistica della sua epoca, alla ricerca spirituale attraverso l'Arte e quindi dal figurativo all'astratto. Capii che Kandinsky era stato ispirato da un sapere altro, non da studi accademici, ma aveva accesso ad altra sapienza, più elevata. La ricerca mi portò a leggere "Teosofia" di Rudolf Steiner, libro dove trasse ispirazione anche Kandinsky e alla conoscenza di un gruppo di studiosi, molto conosciuti come: Maria Montessori, Gustav Mahler, Jean Sibelius, Paul Klee, Paul Gauguin, Piet Mondrian, Thomas Edison, G. Kahlil Gibran, Sir Arthur Conan Doyle, Jack London e tanti altri, tutti facenti parte della "Società Teosofica". Il gruppo fu fondato nel 1875 da Helena Petrovna Blavatsky, la sua dottrina univa la tradizione filosofica e misterica orientale, con la teosofia neoplatonica dell'occidente. Tale dottrina mi fece comprendere e unire le nozioni che sin qui avevo ricevuto. Dopo cinque anni trascorsi nello studio di Adrian, ritenni che era tempo di proseguire per la mia strada, attraverso la pittura e la ricerca esoterica. Ancora oggi ricordo i suoi preziosi insegnamenti e gliene sarò per sempre grato. Era tempo di creare un nuovo stile pittorico, attraverso la natura, un linguaggio semplice per esternare le mie emozioni tramite immagini simboliche, utilizzando la forza del colore puro come medium comunicativo, capace di arrivare alla parte emotiva e sensibile di ogni persona. I racconti di storie vissute, intrecciati a quello che conoscevo della disciplina esoterica, fecero si che i dipinti prendessero vita trasformandosi in allegorie con animali, piante, fiori, paesaggi e alle storie dipinte si legavano dei versi poetici.    Nei primi anni del duemila i critici d'Arte, dettero nome a questa nuova espressione artistica, divenni caposcuola del "*Neonaturalismo compositivo*". La comunicazione tramite la natura e il simbolismo era un concetto, secondo la mia opinione, di facile comprensione per l'osservatore e quindi di condivisione e trasmissione di un pensiero, di uno stato d'animo, di un concetto di ricerca profonda donato a chiunque osservava una mia opera.    Con il passare del tempo invece ho scoperto che tutto ciò era un'utopia, per il fatto che la maggior parte delle persone non riconoscono più gli antichi simboli, forse inconsciamente ancora vivi, ma nella realtà a causa della società odierna e dei suoi stereotipi comunicateci attraverso i mass media, abbiamo perduto la conoscenza e il contatto con quei messaggi tramandati dai miti, leggende e favole nonché l'importanza di avere una diversa chiave di lettura per aprire conoscenze più elevate e profonde.    In quegli anni instaurare un discorso su argomenti esoterici, o sulle esperienze meditative e quant'altro, era veramente difficile, in breve tempo gli amici di sempre si allontanarono.    In famiglia la situazione non era certo migliore, anche se ascoltavano le mie tesi, alla fine, la loro radicata educazione cattolica, faceva si che la discussione, spesso molto accesa, si troncava semplicemente inserendo un dogma, della serie "è così, punto", "sarebbe meglio che studiassi la Bibbia!".    In verità era quello che facevo, solo che la leggevo con una certa consapevolezza, la simbologia tradotta da un'altro punto di vista.    *"Nessuno è profeta nella sua patria"*, quanto sono vere queste parole...    Nonostante tutto, la mia sete di sapere non si placava, anzi ad ogni ostacolo, ad ogni "lascia perdere", ricevevo una spinta ancora più forte ad andare avanti.    E così partendo dalle Sacre Scritture, passando dalla Teosofia ed altri testi esoterici, i miei studi andarono avanti, incontrando talvolta, persone più istruite su certe discipline, dandomi la possibilità di apprendere cose nuove, ed avere nuovi spunti di riflessione e di studio.

«*Ebbene io vi dico: Chiedete e vi sarà dato, cercate e troverete, bussate e vi sarà aperto*» *Luca 11*

Ci fu un periodo veramente difficile, la malattia di mio Padre. Questo evento, mise a dura prova tutto ciò che avevo appreso e specialmente la Fede.    In quel momento necessitavo di prove e conferme che sciogliessero i miei dubbi sulla via intrapresa fino ad allora. Per quanto le circostanze fossero complicate, più volte le mie domande trovarono risposta per mezzo di segni e avvenimenti molto chiari, tanto che mi sembrava incredibile che proprio io potessi vivere delle esperienze così intense.    Credo che quello fu il periodo emotivamente più duro, ma allo stesso tempo anche il più proficuo per la mia crescita personale e spirituale, ed è vero che nei momenti difficili, si ha quella libertà per scegliere il proprio destino. Fu anche il tempo delle cinque porte, così soprannominai la pentalogia "L'uomo alla ricerca di se", composta da cinque opere pittoriche con l'attribuzione dei cinque elementi universali, quindi "Il viaggio" all'elemento terra, "Nibiru" all'elemento aria, "Il risveglio quantico" all'elemento acqua, "Avatar" all'elemento fuoco e "Genesi" all'elemento etere.    Gli elementi legati alle opere volevano sottolineare e fare riferimento agli stati eterico, gassoso, radiante, fluido e solido della materia e ai loro rispettivi principi di spazio, movimento, luce, coesione e densità.    Inoltre la storia allegorico-simbolista di ogni singola opera, traccia i passi di un cammino di consapevolezza interiore.    In effetti anche il numero cinque ha una sua valenza, esso corrisponde all'uomo prima della caduta adamica, ovvero all'*Adam Kadmon*.    Anche nella geometria la figura del cinque corrisponde al pentagramma, immagino al suo interno un uomo con le braccia e le gambe aperte, l'uomo perfetto che però deve ancora svolgere un lavoro.    Il cinque rappresenta anche il movimento che è l'origine della vita, il movimento che si evolve nella rotazione e il pentagramma, cambia la geometria, la struttura, il modo.    In natura la figura geometrica del pentagramma insegna la proporzione aurea, con la stessa proporzione, si può ottenere un rapporto tra colore e suono e la costruzione di strutture energetiche. Durante lo svolgimento della pentalogia, non mi accorsi subito delle coincidenze che stavano accadendo, ma compresi che alla fine di ogni opera, si apriva una porta verso un mondo che solo in parte era da me conosciuto. Sono tanti gli episodi che potrei definire coincidenze (*in realtà nulla accade per caso*), dal leggere e venire in possesso di testi importanti, fino all'incontro con personaggi che saranno poi delle guide nel percorso di studi esoterici.    Nell'estate del 2009 fui invitato da un conoscente ad una conferenza sulle Geometria Sacra, riguardante la proporzione 7/11 delle piramidi e il rapporto aureo $\Phi$ (Phi). Fui molto entusiasta ad andarci, in quanto proprio in quel periodo stavo portando a compimento l'ultima opera della pentalogia "Genesi" ed ero alla ricerca di materiale a proposito della proporzione Divina, ossia la costante 1,618, per poter inserire le ultime figure simboliche e concludere l'opera e quindi la pentalogia. Alla fine della conferenza, devo dire molto interessante, ebbi la possibilità di parlare con il relatore, e gli chiesi di ampliare quei concetti, asserendo che ciò che aveva esposto fosse solo una piccola parte di una conoscenza molto più profonda. Mi disse soltanto che se veramente fossi stato interessato ad approfondire l'argomento in questione, avremmo dovuto incontrarci alla prossima conferenza, ma nel frattempo, avrei dovuto leggere un quaderno, per discuterne quando ci saremmo incontrati di nuovo. Mi consegnò un libretto in formato A4 con una copertina color avana, rilegato con punti metallici, dal titolo "TRADIZIONE ARCAICA E FONDAMENTI DELL'INIZIAZIONE ARCHEOSOFICA" di Tommaso Palamidessi. Ricordo di averlo letto tutto di un fiato, ed era straordinario, perché sin dalla lettera A della premessa, rispondeva a quelle domande a cui attendevo una risposta sin da bambino. In questi ultimi anni, ho avvertito fortemente la necessità di mettere a disposizione quello che ho appreso nel tempo e farne dono agli altri, così ho cercato il modo. Seguendo la mia filosofia, dovevo trovare qualcosa che fosse in armonia con il Creato, utile per chi ne avesse bisogno e che potessero usufruirne tutti.

*«Il lavoro archeosofico è simile all'impresa del fonditore: il suo oro nel crogiuolo diventerà fuso e puro quando avrà portato il metallo al calore della fusione»* Tommaso Palamidessi

Una sera selezionavo degli articoli sul web, riguardanti le piante da orto coltivate senza l'uso di antiparassitari. Stavo leggendo un articolo sull'orto sinergico quando tra le pagine aperte leggo Circle Garden. Mi colpì una foto con una curiosa struttura al centro, e leggendo l'articolo venni a sapere che un certo Dottor Langham, negli anni '50, osservando le cellule riprodursi, elaborò un modello 3D in alluminio al quale dette nome Genesa, e più tardi ideò la sua evoluzione la Pentasfera. Tali strutture erano state costruite sfruttando i principi della Geometria Sacra riproducendo il sistema cellulare e le piante di sesamo traevano grande beneficio nella loro crescita, attraverso l'energia sviluppata. Non gridai "Eureka!", ma in un attimo capii che quelle bellissime strutture rispettavano i principi che mi ero prefissato, erano in perfetta armonia, erano utili e per tutti. Passai giorni chiuso nel mio studio per riprodurre la struttura della Pentasfera in cartoncino, calcolando attraverso la proporzione aurea gli angoli esatti e le dimensioni della sfera, affinché risultasse in armonia con le forze universali.

*«Un potenziale per l'amore infinito, per la saggezza infinita, per le forme infinite, per l'energia infinita, per il potere infinito, per l'anima, per il tempo eterno, per la velocità infinita, per la fede infinita. Esso contiene tutti i tuoi obiettivi, i tuoi desideri, la tua motivazione, perfino la tua vita stessa».*
Dr. Derald Langham

Quando fui certo delle forme e costatato che la Pentasfera era in grado di emettere energia, ma soprattutto di trasformare l'orgone negativo (DOR) in positivo (OR) benché costruita in carta, decisi allora di costruirla in alluminio, lo stesso metallo usato da Langham. Giorni dopo, acquistai il materiale necessario, le lame in alluminio non erano proprio di alta qualità, avevano delle righe per tutta la lunghezza, sicuramente erano destinate per ben altri usi, ma per sperimentare la costruzione rigida, non detti molto peso all'estetica, in fine nacque la mia prima Pentasfera. Una sera ero seduto in poltrona, pronto per la meditazione, e d'istinto presi in mano la Pentasfera. La facevo roteare tra le mani, pensando che sarebbe stato carino darle un nome. Quello che dirò adesso potrà sembrare frutto della mia immaginazione, ma oggi questa è divenuta, una delle esperienze che propongo alle persone che entrano in contatto con la Pentasfera. Sempre quella sera, una voce calma e profonda mi disse "Io sono, Excalibur One", non vi nascondo che per qualche secondo rimasi con il fiato sospeso, nell'incredulità totale. Tuttavia questo è reale, succede se si instaura un legame con la Pentasfera, perché si entra in empatia, in una specie di contatto emozionale, è un'alchimia sottile. Chi possiede una Pentasfera, sa di compiere un viaggio interiore personale ed esclusivo, secondo il proprio Se e la sua volontà. Con l'amata Excalibur, faccio esperimenti ogni giorno e questa è l'esperienza più bella che posso insegnarvi.

*«Che ci piaccia o no, siamo noi la causa di noi stessi. Nascendo in questo mondo, cadiamo nell'illusione dei sensi; crediamo a ciò che appare. Ignoriamo che siamo ciechi e sordi. Allora ci assale la paura e dimentichiamo che siamo divini, che possiamo modificare il corso degli eventi, persino lo Zodiaco»* Giordano Bruno

*prove di costruzione in cartoncino*

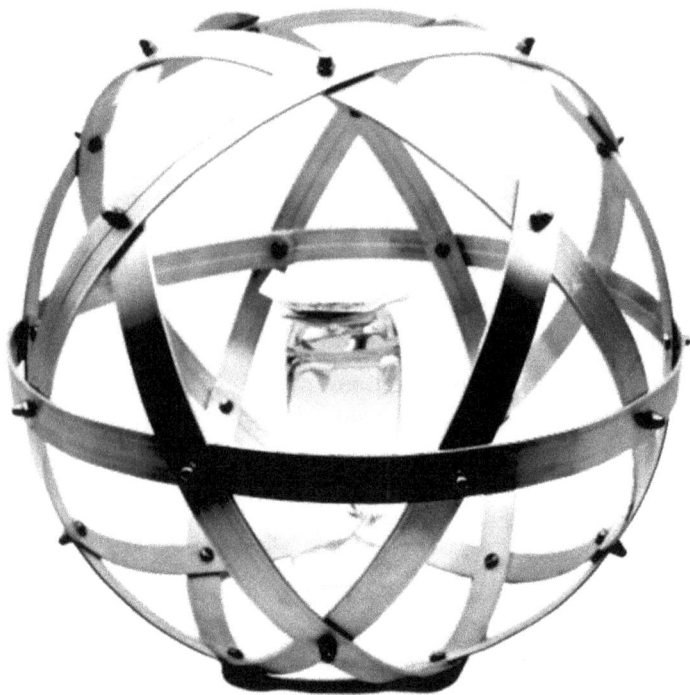

*Excalibur One*

# Derald George Langham il Padre della Genesa e della Pentasfera

Derald Langham nacque in una tradizionale fattoria americana a Polk City nello Stato dell'Iowa il 27 maggio del 1913. Sin dai primi anni di vita era molto forte il suo interesse per la coltivazione delle piante destinate alla nutrizione umana e per gli animali da allevamento. Dopo gli studi primari, infatti si iscrisse allo State College dell'Iowa, dove si diplomò in agronomia. Negli anni del College conobbe il capo del dipartimento di genetica Dott. Ernest W. Lindstrom, che lo incoraggiò a proseguire i suoi studi in ambito genetico. Langham si iscrisse al corso di agronomia genetica della Professoressa Rollins A. Emerson presso la Cornell University. Nel 1939 ricevette dall'università il primo incarico come genetista e un secondo dottorato in discipline umanistiche nel 1969 dalla United States International University di San Diego. Verso la fine della carriera ha insegnato all'Università di Yale in Connecticut dopo aver trascorso diversi anni in Venezuela. Langham era conosciuto in America Latina come il "padre del sesamo", per le sue ricerche genetiche su questa pianta, si concentrò sugli incroci di vari specie di Sesamo, per trovare un seme resistente ai climi del Venezuela e quantitativamente più prolifero. Appena ventenne fu assunto come ricercatore genetista agrario, dal governo venezuelano, grazie alla raccomandazione di Herbert Whetzel, il successore di Emerson alla Cornell University, che aveva diretto una missione per il Ministero dell'Agricoltura del Venezuela nel 1938. A Langham gli furono messi a disposizione addirittura i fondi della fondazione Rockefeller, per la ricerca e lo sviluppo dell'agricoltura nei paesi latini. E grazie al suo lavoro, fu nominato capo del National Plant Genetics Program del Venezuela. Le sue tecniche di coltivazione contribuirono a nutrire la popolazione attraverso nuovi ceppi produttivi, non solo di Sesamo ma anche di Grano e Mais, durante la seconda guerra mondiale, dopo che gli U-Boat tedeschi avevano interrotto il flusso di approvvigionamenti alimentari nel paese, intercettando le navi sulle rotte marittime dei Caraibi. Il suo programma accelerato di autosufficienza durante la seconda guerra mondiale spinse il governo venezuelano a collocarlo a capo dell'intero settore agrario del paese. Nel 1972 il Presidente venezuelano Rafael Caldera Rodriguez lo insignì dell'Ordine al merito, il più alto onore mai consegnato a uno straniero. Durante la cerimonia di premiazione fu onorato come "padre dell'agricoltura moderna in Venezuela". Negli anni '50 Langham fondò la Genesa Foundation, tramite la quale, promosse l'uso delle tecniche del Circle Gardening e le potenzialità della Genesa. Il termine Genesa, proveniva da una combinazione della parola "gene" con le lettere iniziali di Sud America (GeneSA). Dopo qualche anno, propose l'evoluzione della Genesa e nacque la Pentasfera, Langham riteneva che la sua forma cristallina, nota come solido di Archimede o cubottaedro, avesse un potenziale infinito ed un legame con le energie sottili. Tanto che, secondo la sua esperienza, inserita in un giardino poteva aiutare a sintonizzare i biocampi delle piante circostanti. I benefici registrati ed i suoi studi sulle pratiche energetiche, non furono mai accettati dalla comunità scientifica del tempo, in quanto tali energie sottili, sono impossibili da misurare con gli strumenti scientifici, pertanto l'utilizzo delle strutture cristalline in agricoltura, furono considerate pseudoscienza. Langham continuò lo stesso a fare conferenze in tutti gli Stati Uniti, Venezuela, Europa e Canada cercando di insegnare agli studenti come applicare i principi della Genesa e della Pentasfera, non solo in ambito agrario, ma a tutti gli aspetti della loro vita. Langham ha continuato a lavorare fino alla sua morte, sopravvenuta a Yuma, in Arizona, nel 1991.

«La Pentasfera è un sistema di super energia che serve ad aprire la strada a qualunque cosa tu voglia fare. E' un'integrazione attiva del sistema mente-corpo-spirito in un cristallo dimensionale. Fisicamente si presenta come una grande attraente forma geometrica costituita da anelli intrecciati. Le energie che trasmette sono Vita, Amore, Luce e Abbandono. Questi sono i sistemi di controllo per l'istinto, l'intuito, l'ispirazione. Stando dentro lo scheletro del cristallo si attiva una meditazione in movimento e si diventa capaci di circoscrivere il proprio campo energetico, condizionarlo, pulirlo e caricarlo. Usando la mente possono essere selezionati e attivati i geni..». Derald Langham

# Capitolo 2

## La forma pensiero

La mente Umana, come i suoi pensieri, è composta da un insieme di energie, che possiamo definire Energie Spirituali. Attraverso questa definizione, possiamo comprendere tutte le energie eteriche di vario livello e i vari tipi di forze veicolate. Le Energie Spirituali sono influenzabili sia dal pensiero razionale che da quello inconscio e sono dirette dalla volontà, sia conscia che inconscia. L'Aura è normalmente invisibile ai più, ma i sensitivi sono in grado di visualizzarla, ciò che essi vedono è un grande campo energetico luminoso che circonda l'individuo. L'Aura è un campo energetico formato da Luce cangiante e multicolore, dove i colori rappresentano lo stato d'animo, i sentimenti e i pensieri della persona. Ogni variazione di umore, di pensiero muta la composizione cromatica del campo, possiamo dire che i colori sono la rappresentazione grafica delle emozioni e di conseguenza dello stato di salute del corpo. I pensieri e le immagini mentali si ripercuotono sul campo

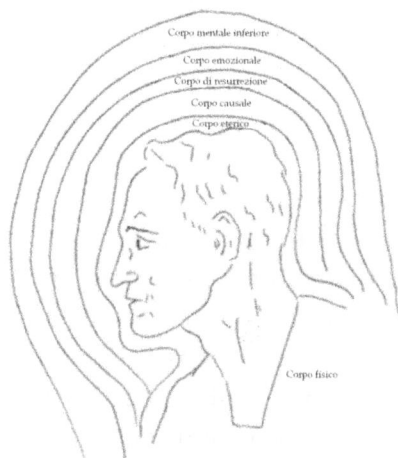

*Corpo mentale inferiore*
*Corpo emozionale*
*Corpo di resurrezione*
*Corpo causale*
*Corpo eterico*

*Corpo fisico*

*«Disegno che indica i diversi corpi sottili o energetici, strumenti del vero Uomo, triplice nell'unità (spirito, anima emotiva ed anima erosdinamica), compenetrato dal corpo eterico, astrale, mentale inferiore, Corpo Causale o Mentale superiore. Lo schema si limita alla sezione anatomica della testa, ma tali corpi sottili si estendono a tutto il corpo di carne. Lo schema riporta pure il Corpo della Risurrezione, detto anche il "piccolo Guardiano della Soglia". Ogni veicolo è colorato e luminoso.» Tommaso Palamidessi*

energetico creando delle strutture, le *"Forme Pensiero"*. Queste strutture hanno una durata diversa a secondo se i pensieri, creati dal vivere quotidiano, sono fugaci, allora le forme pensiero perdono coerenza, si disperdono, oppure si trasformano. Se invece i pensieri e le emozioni sono più forti e prolungati, creano forme pensiero durevoli ed interagiscono con la persona che li ha generati. Quando i pensieri e le emozioni superano un certo grado di intensità le forme pensiero possono insediarsi in maniera stabile nel campo energetico, o *Aura*. La caratteristica principale della forma pensiero è quella di attrarre pensieri ed energie simili a se stessa, creando uno schema circolare di abitudini e tendenze, grazie anche al pensiero che le alimenta.

## La legge di attrazione

Collegandomi al paragrafo precedente, e ampliare il discorso sulle forme pensiero, ritengo sia fondamentale cercare di fornire una spiegazione su cosa sia la legge di attrazione, anche perchè, tale legge è in qualche maniera legata alla forma pensiero. Il pensiero, la volontà, sono una delle più potenti forme di energia universale. Essa agisce in maniera costante, immutabile e imparziale nonostante la nostra consapevolezza, anzi proprio il fatto di esserne consapevoli o meno determina la differenza tra il successo e il fallimento delle nostre scelte e di conseguenza della nostra vita. Fin dalla nascita ci viene tramandato che in generale la vita ha una sua storia e noi facciamo parte di questo progetto senza però avere la possibilità di interferire e interagire con storia stessa. In pratica governati dalla legge causa/effetto, ci adagiamo sulla convinzione che le cause siano sempre esterne a noi, e di conseguenza accettiamo ciò che il destino ha in serbo per noi, il famoso "così è!". La legge di attrazione, invece vuole dimostrare esattamente il contrario ovvero, che ognuno di noi è l'artefice del proprio destino, e che sono stati i nostri pensieri positivi o negativi ad essere la causa di ciò che è il risultato della nostra vita fino a oggi. In pratica le cose ci succedono perché siamo noi ad attrarle, nel bene e nel male. Pertanto secondo questa filosofia, dovremo cominciare a considerare le nostre vite, come causa delle nostre scelte e non come effetto di un predeterminato destino. Alla luce di ciò, dovremmo saper operare scegliendo bene la modalità delle nostre richieste, il pensiero deve essere coerente con quello che desideriamo e la volontà ferma sui propositi. Quindi quando pensiamo o scriviamo le nostre intenzioni e richieste, iniziamo la frase con *"Io voglio ..."* perché *"Io"* sono certo di ciò che desidero e pronto a ricevere ciò che chiedo. Cancellate dalla mente le negazioni (no, non, ect) e ritenetevi sempre degni di ricevere ogni Grazia, siate magneti attrattivi di tutto il bene che l'Universo mette di continuo a disposizione ad ognuno di noi. Voglio chiudere questo paragrafo con un esempio sulle negazioni, vi è mai capitato di affermare *"ah no! quella persona non mi piace, non farà mai parte della mia vita"* e guarda il "caso", sarà proprio quella persona che avrà un ruolo importante nella vostra vita. Meditiamo sulla saggezza dei nostri Nonni che dicevano *"chi disprezza compra!"*.

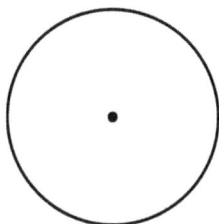

## Onde di frequenza e Etere

Nel creato tutto ciò che esiste, ha una natura dinamica e le energie contenute vibrano a diverse frequenze in modo incessante, anche le energie Spirituali con le loro frequenze non fanno eccezione. Nella vibrazione, le diverse energie possono essere riconosciute dalla diversa forma dell'onda di frequenza e dal tono più o meno alto. Queste vibrazioni si sviluppano in un *"fluido"* chiamato dai greci Etere. Per fare un esempio, quando noi vogliamo ascoltare la radio, o guardare un canale della tv non facciamo altro che sintonizzarci ad una delle tante frequenze disponibili nell'etere (aria). L'Etere non ha forma definita ne consistenza, la nostra immaginazione su questo piano di realtà, riesce a raffigurarlo come delle bolle sferiche, dove le vibrazioni interagiscono e si muovono attraverso le sfere come onde di pressione positiva e negativa. Considerando il limite dei nostri sensi, tutto ciò che è manifesto è una vibrazione nell'Etere, come Il calore, il magnetismo, l'elettricità, gli oggetti materiali, persino il colore, ed ogni tonalità sono a sua volta una frequenza che si propaga nell'Etere. Le frequenze sono organizzate in ottave come il suono delle note emesse da uno strumento musicale o i colori della luce visibile. Prendendo ad esempio i colori puri dell'arcobaleno, dalla frequenza più bassa a quella più alta sono: rosso, arancione, giallo, verde, blu, indaco e viola, le diverse sfumature sono i toni, cioè le ottave più alte o più basse. Nell'Etere le vibrazioni possono essere composte da frequenze infinite, possono essere sovrapposte da un gran numero di toni tutti con una specifica forma d'onda e intensità, tutte queste infinite varianti corrispondono al risultato di onde finali che generano infinite creazioni. Noi umani riusciamo a percepire ben poco con i nostri sensi, ad esempio attraverso il senso della vista, percepiamo solo i colori contenuti nella luce bianca, ma non riusciamo a percepire la sua ottava inferiore l'infrarosso, ne quella superiore l'ultravioletto, ma comunque siamo consapevoli che la loro frequenza interagisce sul nostro piano energetico, l'infrarosso ci scalda e l'ultravioletto ci abbronza. Le vibrazioni possono risuonare e ritornare su se stesse formando un onda stazionaria toroidale, tutte le particelle con cui la fisica suddivide la Materia, non sono altro che microscopici toroidali nell'Etere. Alcune forme d'onda stazionaria hanno forme geometriche regolari i cosiddetti "Solidi Platonici", come il Toroide, il Tetraedro, il Cubo, l'Ottaedro,

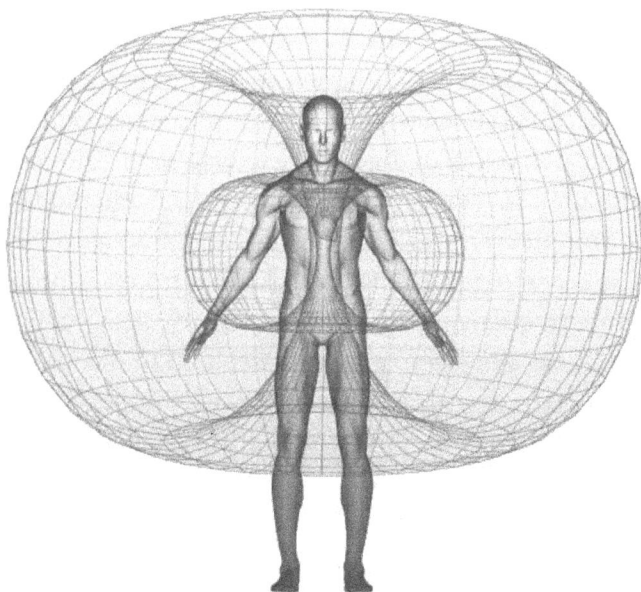

il Dodecaedro e l'Icosaedro, aumentando il numero di frequenze che le compongono aumentano nella loro complessità, inoltre più forme d'onda stazionaria possono interagire tra loro, aggregandosi così da creare forme stabili sempre più complesse, un esempio la Pentasfera.

## Etere e Creazione

Negli ultimi tempi l'uomo viene sistematicamente manipolato, coscientemente distratto e allontanato dal suo fine ultimo, come un moderno Pinocchio nel paese dei balocchi. Tanto che la maggior parte di noi, ha perso il contatto con l'essenza delle cose, siamo molto più attratti dalla mediocre superficialità, che dalla ricchezza della profondità interiore. Con questa pressione anche mediatica, spesso confondiamo la forma con la sostanza, il contenuto con il contenitore. Le forme sono dei contenitori per le coscienze e non il fine ultimo della creazione Divina. Oltre l'energia Spirituale, ossia l'energia Intelligente e all'Etere, l'infinito Intelligente vi è l'Unità di Coscienza, il Logos, ossia il principio Divino che pervade e anima l'Universo. Il Logos dirige l'Universo secondo leggi esatte, tramite la sua volontà, espressa dal "Verbo", che altro non è che una vibrazione nell'Etere il quale risuonando crea schemi sempre più complessi, fino a differenziare le sue "*densità*", lo schema diventa sempre più dettagliato, per la sua forza auto organizzante. così, grazie alla Volontà, alle Leggi e al Verbo (suono), il Logos crea un nuovo Universo ad ogni ciclo. Questo poiché l'Energia Intelligente, da cui il Logos proviene, è di natura gerarchica e il desiderio creativo è comune a tutte le sue manifestazioni. Di conseguenza il Logos è spinto a formare delle sub-Unità di Coscienza, e queste a loro volta fanno lo stesso, fino a noi gli Esseri Umani, delle Unità di coscienza Sub-Logos in scala minore. Di conseguenza è tempo di riprendersi gli spazi necessari e riconoscersi il nostro ruolo in questo processo creativo, che consiste nel sostenere ed aiutare il Logos a crescere tramite l'acquisizione delle esperienze, di ogni realtà manifestata nell'Universo. Siamo veramente Esseri Unici e Speciali, facciamo già parte del Tutto e ci riuniremo all'Uno.

«Vi sono mondi nello spazio dove l'uomo non è che un colore ed una sfumatura che cambia sempre, mondi di fantastica iridescenza e splendente bellezza, dove una forma si mescola con l'altra, sempre una, sempre mutevole. Vi sono mondi dove l'uomo diventa solo una tonalità come una campana che tintinna, dove la vita è solo un caleidoscopio della natura, mondi che non possiamo nemmeno iniziare a comprendere, che farebbero apparire Dio Padre, Pensiero Incarnato come un granello di sabbia su di una spiaggia solitaria»  *Arcangelo Mikael*

# La forma come Manifestazione

Il Logos Universale in cui noi umani ci manifestiamo, chiamato da Ermete Trismegisto "Polimandres", ha scelto di esprimere la sua creatività tramite la Luce e le Forme geometriche ed è soggetta a determinate Leggi. Coloro che contribuiscono alla creazione, possono porre delle variazioni a queste Leggi al fine di manifestare la loro creatività secondo la Legge del libero arbitrio. Queste variazioni però devono essere armoniche ed accordarsi con le leggi superiori. Nel caso in cui la creazione realizzata risulti instabile e non possa auto organizzarsi andrebbe incontro ad un processo di entropia e quindi terminerebbe la sua esistenza. Il Sub-Logos galattico di cui facciamo parte, la Galassia della "Via Lattea" o "Adonai" secondo gli esoteristi, esprime la sua creatività mediante leggi note come la Sequenza di Fibonacci, La spirale Logaritmica, il Rapporto Aureo 1,618, Il Pi Greco $\pi$, le Radici Quadrate di due, tre, cinque e $\Phi$ (Phi), i Numeri Primi, i concetti di Zero ed Infinito, la geometria dei Solidi Platonici e la multi dimensionalità in scale differenti.

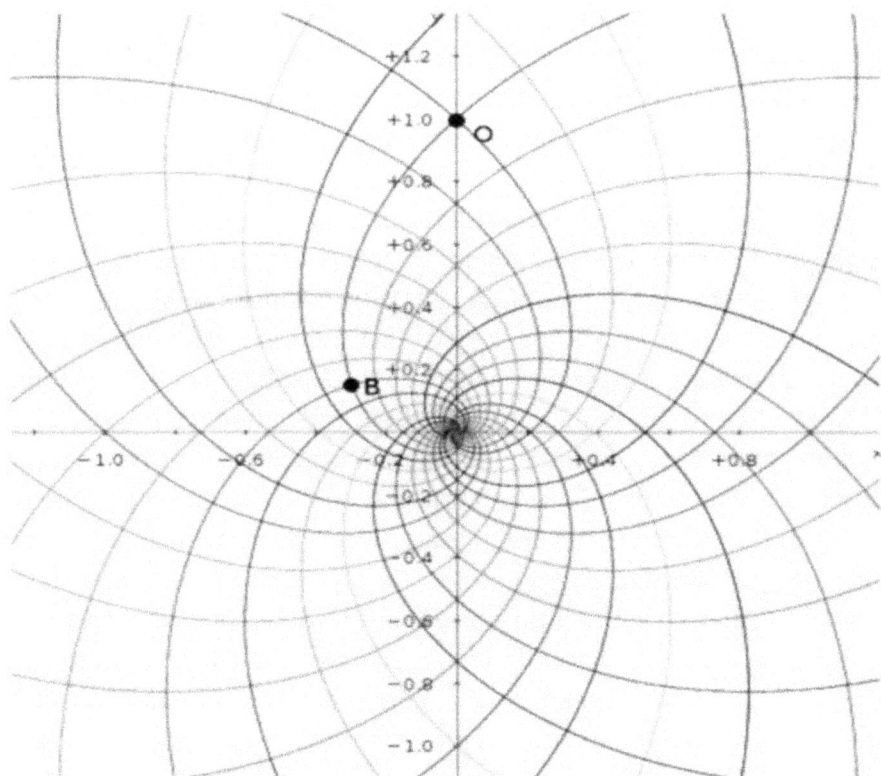

# L'Universo Olofrattale

Nassim Haramein è un fisico teorico americano, nato in Svizzera nel 1962, conosciuto per la sua Teoria del Tutto, basata sull'esistenza di un universo infinito, a forma di toroide in cui ogni cosa sarebbe interconnessa, compresi gli esseri umani.   Al centro della Teoria del Tutto ci sarebbe l'idea che noi tutti saremmo immersi in un mare di energia fondamentale la quale rappresenterebbe la sorgente del mondo fisico.   Questa energia riempie il vuoto o spazio che ci circonda (Etere).   Ma questo spazio non sarebbe affatto vuoto, ma letteralmente pieno di energia, un'energia incredibile che collega assolutamente tutto e ricca di informazioni (vibrazioni e frequenze). Ogni atomo, inclusi quelli di cui noi siamo composti, sarebbe un buco nero che assorbirebbe informazioni dal vuoto e a sua volta vi irradierebbe informazioni come un buco bianco, essendo i due processi l'uno l'inverso dell'altro. Il vuoto si auto organizzerebbe e si troverebbe dappertutto, mentre l'atomo sarebbe un mini buco nero alimentato indefinitamente dal vuoto stesso, ecco perché l'elettrone ruoterebbe per miliardi di anni senza un'apparente fonte di energia. La Geometria Sacra può essere definita come l'espressione visiva dell'Universo.   Per esempio, il famoso "Fiore della Vita", appare in numerosi templi e siti sacri della Terra.   Quando l'energia si muove nel punto zero o singolarità, dove troviamo l'immobilità, allora la geometria si ridurrebbe alla minima quantità di vettori per avere stabilità ed equilibrio assoluto.   Nelle sue equazioni, proverebbe che il doppio toroide sarebbe il risultato di una struttura composta da tetraedri che produce una torsione o spin.   Il punto centrale della rotazione sarebbe l'immobilità e questa struttura di tetraedri risulterebbe essere una come la stella di David in 3d, una stella a sei punte, la stessa che troviamo nel cuore di Buddha e nella tradizione Ebraica.   Le teorie di Nassim Haramein prevedono che ogni stella nell'universo sia in realtà un buco nero con un flusso di energia duplice toro dinamica. La geometria di base dell'Universo sarebbe la stessa di quella dell'acqua sulla quale si basa la vita sulla Terra. La vita emergerebbe dall'acqua perchè  l'informazione passerebbe dalla struttura dello spazio-tempo alla molecola dell'acqua che produce l'organizzazione biologica della nostra biosfera. Nella sua Teoria Nassim Haramein parla anche del centro cardiaco, ma anche in altri testi troviamo tracce sull'argomento, cioè che il cuore possiede il più elevato campo elettromagnetico del corpo che può essere misurato fino a otto metri di distanza. Il nostro intero essere sarebbe guidato dal buco nero nel centro del nostro cuore che causerebbe un flusso di energia elettromagnetica grazie all'effetto Corioli, lo stesso effetto che si trova alla base dei sistemi ciclonici o anticiclonici nell'atmosfera. Il campo elettromagnetico del cuore avrebbe anch'esso la forma di un toroide e, tramite il flusso di tale campo, verrebbero comunicate informazioni al cervello e a tutto il corpo. Il toroide di energia fluirebbe dal cuore alla cima del cranio, poi giù verso la ghiandola Pineale, attraverso il nostro sistema nervoso e poi di nuovo verso il cuore. Il tutto ovviamente in costante collegamento con l'intero universo. Dentro di noi c'è un infinito potenziale. Tutti gli atomi che ci compongono hanno quantità infinite di informazione e di conoscenza a cui potremmo accedere anche con soli cinque minuti al giorno di meditazione. Sarebbe sufficiente interiorizzare i sensi verso il cuore, per riuscire ad accedere all'infinita saggezza racchiusa dentro di noi.

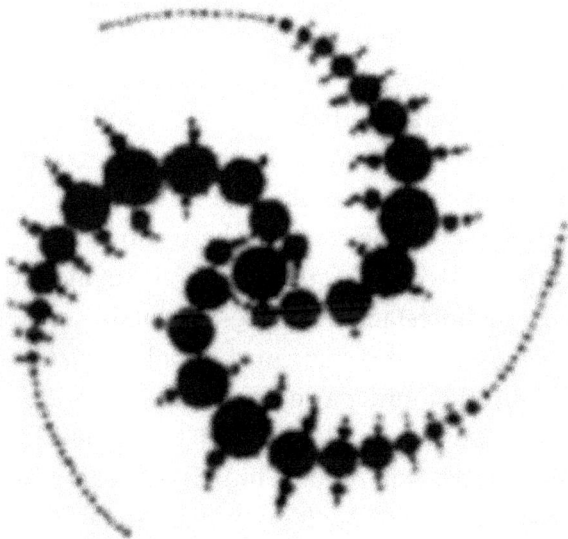

«So che il mondo è uno specchio, in ogni atomo si trovano cento soli fiammeggianti» Nassim Haramein

# La Geometria Sacra

La geometria Sacra è un insieme di rapporti e formule che ci permettono di rimanere in contatto con le emanazioni energetiche che giungono costantemente dal cosmo. Non esiste niente di casuale nel Cosmo (dal greco Ordine) e lo studio delle leggi morfogenetiche permette di avvicinarci a Dio, in quanto la Creazione rispecchia perfettamente il suo Creatore. La Geometria Sacra studia tali leggi e può essere utilizzata per vivere in accordo con le armoniche vibrazionali che sottendono la manifestazione fisica. Era conosciuta già nei tempi antichi e la si ritrova nei santuari dedicati a Iside, nei tabernacoli di Geova degli ebrei, nelle moschee e nelle chiese cristiane. E' l'immagine della struttura del cosmo ed è utilizzata come lettura simbolica dell'universo, ovunque è presente nella sua armonia ogni struttura determina la proporzione evolutiva di ogni elemento dell'universo, di cui rappresenta la verità trascendentale. Con l'architettura Sacra si esprimono i concetti più complessi per poi trasmetterli agli altri. Tuttavia, solo chi è in possesso della sophia può leggere, comprendere e, infine, tradurre i messaggi della tradizione. Un esempio della geometria Sacra, forse la più conosciuta, che fino a qualche decennio fa, incomprensibile agli occhi della scienza e ancora oggi a coloro che non possiedono gli strumenti interpretativi adatti, è la Grande Piramide egizia. Tutte le misure sono rapportate al cubito sacro, che è pari a 0,63566, che corrisponde in maniera esatta alla milionesima parte del raggio polare terrestre. La Geometria Sacra ha il suo alfabeto fatto di punti, linee, cerchi, piani e volumi, questi simboli rimandano ai principi di creazione e manifestazione, preservazione e conservazione, trasformazione e distruzione su cui si basa l'intero Cosmo. Le forme geometriche perfette fanno parte del Mondo delle Idee di cui parlava Platone, contrapposto al Mondo dei Fenomeni ove qualunque manifestazione è, per sua natura, imperfetta e impermanente. Dalla geometria egizia discende quella dei greci i quali riutilizzarono uno dei simboli Sacri, per esempio, la "vesica piscis", figura che ritroviamo in moltissime culture posteriori, come quella cristiana oltre che in molte culture orientali. La vesica piscis, qui sotto rappresentata, si ottiene combinando due cerchi in modo che formino un rombo regolare da cui prende forma il triangolo isoscele utilizzato in tutti i poliedri studiati da Platone. Ci sarebbe ancora tanto da scrivere sugli argomenti finora trattati, ma come ho asserito nella premessa questo è un manuale e non un saggio, quindi il linguaggio che utilizzo e i contenuti che vi propongo devono essere di semplice comprensione, affinché chiunque possa entrare in mondi spesso

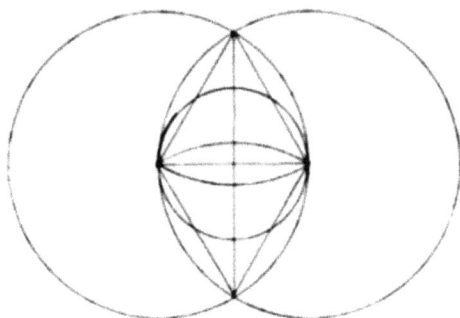

chiusi, o alla portata dei soli addetti ai lavori. Mi interessa incuriosirvi e magari che, prendendo spunto da questo libro, andiate a compiere una ricerca personale molto più approfondita, a intraprendere un percorso che porti a una conoscenza più intima di ciò che siamo e del vero significato di questa realtà.

*«Spero che i posteri mi giudicheranno con benevolenza, non solo per le cose che ho spiegato, ma anche per quelle che ho intenzionalmente omesso, così da lasciare ad altri il piacere della scoperta.» René Descartes*

## La sezione Aurea

Dal punto di vista strettamente matematico e geometrico, la "sezione aurea" o "rapporto aureo" o "numero aureo" o "costante di Fidia" o "proporzione Divina", indica il numero irrazionale 1,618, ottenuto effettuando il rapporto fra due lunghezze disuguali delle quali la maggiore (a) è medio proporzionale tra la minore (b) e la somma delle due (a+b). Essa rappresenta lo standard di riferimento per quanto riguarda la perfezione, la grazia e l'armonia sia in architettura, scultura e pittura, sia nella stessa Natura. Questa proporzione ha due aspetti principali, uno quantitativo e uno estetico, perché pur definita con il calcolo matematico, applicata alla forma degli oggetti, essi colpiscono i nostri sensi apparendoci armoniosi e piacevolmente belli.

$$a \qquad b$$

$$a+b$$

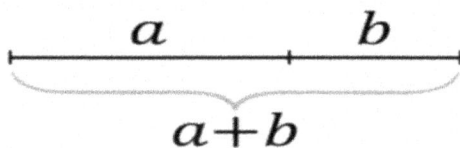

La proporzione aurea si può notare in tutti i regni della natura, perciò questa sua polivalenza la fa assurgere all'altezza di "archetipo". Nel "*Timeo*" Platone sostiene che i tre termini di una proporzione divina, la più grande (la linea intera), quella di mezzo (il segmento più lungo) e la più piccola (il segmento più corto), sono «tutti di necessità gli stessi, e poiché sono gli stessi, non sono che uno». In una progressione di divine proporzioni, ogni parte è un microcosmo, o modello minuscolo, di tutto l'insieme. Dall'infinitamente piccolo all'infinitamente grande: tutto sembra regolato da perfezioni matematiche, da precisi calcoli predefiniti, applicati dalla piccola chiocciola che vive nel sottobosco, ai tornado, all'immensa galassia a spirale che contiene miliardi di stelle. La prima chiara definizione della proporzione aurea si deve ad Euclide, il matematico greco vissuto ad Alessandria circa tre secoli prima di Cristo ed autore del più celebre trattato di storia della matematica, gli "*Elementi*": si tratta di tredici volumi sulla geometria e sulla teoria dei numeri, dove la proporzione aurea è più volte nominata e discussa. La proporzione aurea è poi utilizzata da Euclide in una serie di costruzioni, in particolare nel pentagono, nell'icosaedro e nel dodecaedro. Noi costruttori di Forme Energo Vibranti, sappiamo bene la valenza del numero Aureo, delle figure geometriche piane e dei solidi con i quali entriamo in relazione quando creiamo le Pentasfere. Leonardo da Pisa (1170-1240), più noto come Fibonacci, scrisse la sua opera più celebre, il "*Liber abaci*", nel 1202. La ragione principale della fama di Fibonacci e il suo contributo alla teoria della proporzione aurea, derivano dalla successione numerica 1, 1, 2, 3, 5, 8, 13, 21, 34, 55, 89, 144, 233,.... in cui ciascun termine è uguale alla somma dei due termini precedenti in una successione definita "ricorsiva". Procedendo lungo la successione di Fibonacci, per qualunque valore maggiore di 3 il rapporto tra due numeri consecutivi, quali essi siano, è di 1:1,618, cioè ogni numero è circa 1,618034 volte più grande del numero che lo precede. Questa sequenza si incontra in un'incredibile varietà di fenomeni apparentemente non collegati fra loro.

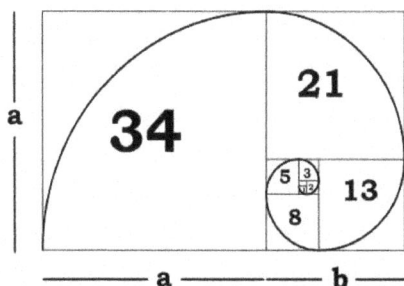

A un occhio attento, non sfugge l'armonia e la bellezza delle forme che si incontrano in Natura. In effetti possiamo ritrovare la Proporzione Divina nella disposizione dei petali dei fiori, come ad esempio nelle Margherite, nei Girasoli, nelle Rose, nella disposizione a spirale ascendente o proporzionale delle foglie delle piante, ma anche negli animali, il più evidente il Nautilus, che con la sua conchiglia ricalca perfettamente la spirale logaritmica. In tutto il mondo visibile e invisibile le forme rispettano determinate regole matematiche con cui "l'Architetto Celeste" crea. Anche noi esseri umani, siamo sottoposti alle stesse regole del Macrocosmo, basti pensare agli scritti di Vitruvio e agli studi di Leonardo da Vinci per renderci conto che la nostra struttura fisica, corrisponde alla proporzione Aurea. Nell'anatomia umana in effetti tale proporzione la troviamo: nel rapporto tra l'altezza e la distanza del suo ombelico da terra, nel rapporto tra la distanza tra spalla e punta delle dita, tra gomito e punta delle dita, nel rapporto tra il nostro fianco e la distanza tra il ginocchio e suolo, nel rapporto tra una fase diastolica e sistolica, il rapporto tra le falangi della mano, come anche il rapporto della lunghezza del braccio e dell'avambraccio. Queste leggi di armonia universale sono insite nell'uomo, e vengono proiettate nelle opere d'arte che egli crea. L'uomo possiede un innato principio spirituale di perfezione che dà luogo al processo di perfettibilità umana. Coloro che sanno osservare, contemplare e realizzare le opere d'Arte, colgono l'espressione d'armonia e di bellezza, perché loro stessi le possiedono come leggi universali del bello, dell'armonico e dell'infinito. Il significato simbolico ed esoterico della proporzione aurea va interpretato nel senso che essa, ha sempre rappresentato un bisogno profondo dell'essere uomano: il "bisogno di trascendenza". L'uomo ha in se l'esigenza di realizzare le proprie capacità, di superare la condizione di finitudine, per avviare a un processo di crescita individuale. Il permanente trascendere è il cammino che l'uomo compie autoperfezionandosi su più livelli: biologico, intellettivo, culturale, morale, sociale spirituale. Il trascendere è una facoltà dell'essere uomo, in quanto la trascendenza è intrinseca nell'uomo. La comprensione della dinamica di questo trascendimento e delle leggi che la regolano diventa una sapienza iniziatica, scienza + intelligenza + virtù, da ciò la deduzione di un metodo che guida l'adepto sulla via del suo affinamento mentale, etico e spirituale. Nella Massoneria questo processo rispecchia "l'operazione di levigatura della *pietra grezza*". Una volta consapevole che esistono leggi di armonia universale non resta da chiedersi come sia possibile applicarle. La risposta condurrà sicuramente al cammino di perfezione umano e spirituale.

## L'alfabeto della geometria Sacra

La Geometria Sacra ha il suo alfabeto fatto di punti, linee, cerchi, piani e volumi. Nello specifico, troviamo i seguenti elementi: il Punto, la Linea, il Triangolo, il Quadrato, la Croce, il Cerchio, la Spirale, il Pentagono, la Stella a Sei Punte, i Solidi Platonici.

### Il Punto

•

Il Punto è simbolo dell'Origine, del Principio e del Centro di tutte le cose, dell'Unità, dell'Essenza. Il Punto corrisponde, nella Matematica Sacra, al numero 1, l'Unità Divina primigenia da cui tutto promana, il Principio Emanatore Creatore del Cosmo intero. Il Punto ha dimensione zero, e anche se noi gli diamo dimensione quando lo disegniamo su un foglio, egli in realtà è invisibile essendo adimensionale, come il Principio Universale di cui è simbolo. Tale elemento, infine, rappresenta la centralità e la centratura interiore, nell'estensione è il cerchio puntato "*IO SONO*", e prende il significato di coordinatore immobile ed unitario di tutto ciò che è mutevole e molteplice, è il fulcro della Creazione ed essendo l'Origine è anche la Fine, ciò da cui il tutto è stato emanato e ciò in cui il tutto verrà riassorbito, l'Alpha e l'Omega al tempo stesso. Viene anche rappresentato come l'Omphalos, il centro Sacro della Terra, l'ombelico del mondo, il punto di incontro tra i regni celesti e terrestri.

*«Io sono te e tu sei me, e dovunque tu sia, là io sono, e sono disseminato in tutte le cose, e da qualsiasi parte tu voglia tu puoi raccogliermi, ma raccogliendo me raccoglierai te stesso.»* Osiride

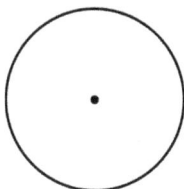

## La Linea

La Linea è l'estensione in una sola dimensione del Punto, la continuità tra due enti, quindi il simbolo dell'estensione del pensiero creatore e dell'emissione positiva di energia, in questo senso rappresenta la polarità maschile. Rappresenta il numero due, la stasi momentanea di forze in equilibrio e corrisponde al passaggio del tempo, rappresentato in modo allegorico da una linea che è dotata di un inizio e una fine. Nel simbolismo mistico, il 2 è associato con la *"Mandorla Sacra"* o Vesica Piscis, la forma nata dall'intersezione di due cerchi, il crogiuolo della vita nella quale si connettono i due poli opposti.

## Il Triangolo

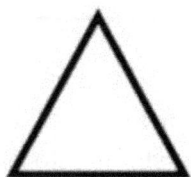

Il Triangolo e il numero tre sono simboli della perfezione Divina, in quanto racchiudono uno, l'Unità quindi la realtà spirituale e due, la dualità cioè la realtà materiale. Il Triangolo è la prima di tutte le

figure piane regolari, nel suo aspetto equilatero simboleggia l'armonia e la proporzione ed esprime un senso di equilibrio dinamico tra le parti.     Nel numero tre è sintetizzato il completamento stesso della creazione, l'origine della vita.  L'atto creativo non è infatti completo con la scissione dualistica, dopo che il principio si è separato da sé generando il creato, compare un terzo elemento atto a completare l'opera.  Questo è il fondamento di ogni trinità: il creatore, il creato, e ciò che unisce i due.  Nella più antica cosmogonia della mitologia greca i tre elementi vengono identificati in Caos, Gea ed Eros.  Caos è lo spazio indistinto, l'infinito che tutto contiene.  Gea è la materia prima di assumere forma, compresa in Caos quindi nella dualità.  Eros è la forza di attrazione che fa convergere la  materia, che dà vita ad ogni cosa con un atto d'Amore.  Ciò che unisce,  ovvero il terzo elemento,  è propriamente l'Amore.  Allo stesso modo la tradizione cristiana racchiude il mistero del creato nella Sacra Trinità, il Padre colui che crea, Figlio, Colui che è generato e lo Spirito Santo l'atto d'Amore.  Il numero tre, possiede una grande forza energetica.  È il simbolo della conciliazione per il suo valore unificante.  Infatti tanto il due separa quanto il tre riunisce.   La sua espressione geometrica è il triangolo, simbolo esemplare del ritorno del multiplo all'unità, poiché due punti separati nello spazio, si riuniscono in un terzo punto situato più in alto.


## Il Quadrato

Con il quattro si passa da un livello metafisico ad un livello propriamente terreno, il quattro infatti è il numero per eccellenza della realtà plasmata.  Il suo significato più antico è il simbolo della terra, della realtà racchiusa sotto il cielo; in quattro parti venivano suddivise le città degli uomini (i quartieri), per ribadire la loro realtà materiale.  Il quattro può anche essere letto come 3+1, e l'unità che si aggiunge è proprio la materia che prende forma, passando dallo stato in potenza a quello in atto. Il quattro rappresenta il più perfetto tra i numeri, essendo la radice degli altri numeri e di tutte le cose. Esso rappresenta la prima potenza matematica, e la virtù generatrice da cui derivano tutte le combinazioni. È l'emblema del moto e dell'infinito, rappresentando sia il corporeo, il sensibile, sia l'incorporeo. Il quattro è scomponibile in 1 + 3, cioè la monade (l'Uno) e il triangolo, ed è la raffigurazione dell'Eterno, dell'uomo che porta in sé il principio Divino. Il quaternario era il simbolo usato da Pitagora per comunicare ai discepoli l'ineffabile nome di Dio, che per egli significava l'origine di tutto ciò che esiste. Il quadrato, è rigore logico, è il mondo che si stabilizza il pieno sviluppo della manifestazione Divina. Per i Massoni l'individuo deve trasformarsi da pietra grezza a pietra levigata per potersi unire alle altre pietre levigate ed edificare così il Tempio dell'Umanità.

## La Croce

La Croce è l'estensione del punto nelle quattro direzioni, a loro volta connesse ai Quattro Elementi, rappresentati da Aria, Fuoco, Acqua e Terra. Il punto di intersezione centrale rappresenta il Quinto Elemento, l'Etere, che unifica ed equilibra gli altri quattro. Il braccio verticale della Croce è "l'axis mundi", legato al simbolismo dell'ascensione verso un piano spirituale e, viceversa, della discesa verso i mondi della materia. Il braccio orizzontale, invece, è associato alla tensione tra opposti di uguale valenza. Nell'esoterismo Cristiano Archeosofico, la Croce rappresenta le due Iniziazioni, quella orizzontale o Umana, che avviene attraverso la proiezione di forze psicobiofisiche, dall'Iniziatore all'iniziando, ed è la condizione prima per rendere possibile l'Iniziazione Verticale, dall'Alto, direttamente dalle Divine Energie. La rotazione della Croce nello spazio, crea una nuova forma, la Svastica, o *Crux Gammata*, la cui traduzione dal sanscrito significa "Apportatore di salute".

# Il Cerchio

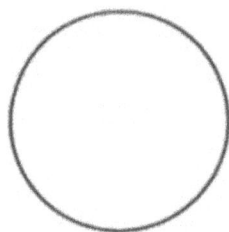

Il Cerchio rappresenta la perfezione, la completezza, l'unità, l'eternità, la continuità.   Il Cerchio non ha né inizio né fine e quindi simboleggia l'eterno rincorrersi ciclico del Tempo, visto come flusso continuo della Creazione.   Il significato del simbolo del cerchio è universale, sacro e divino, rappresenta la natura infinita dell'energia e l'inclusività dell'Universo.  Nel simbolismo alchemico, il cerchio è un punto di messa a fuoco centrale, che evidenzia ciò che contiene all'interno del confine.  Visto come zero, è simbolo del tutto, del vuoto, dell'universo.   Il cerchio è anche collegato al numero dieci, quindi al ritorno all'unità dopo un percorso oltre la molteplicità. Di conseguenza, i simboleggia la perfezione.  Il simbolo del Cerchio è presente ad esempio nei Mandala "*cerchio*" orientali, che rappresentano la Geometria Sacra dell'Universo tramite una raffigurazione in miniatura del microcosmo e del macrocosmo.  Il Mandala è quindi uno psicocosmogramma, dove la psiche umana si riflette nell'Architettura Universale.   Per Jung e per il pensiero psicologico moderno, il cerchio, simboleggia il Sé e la totalità della psiche.   Nel Buddhismo e nell'Induismo, il cerchio è la ruota della vita nel mondo fenomenico, l'illuminazione e la perfezione umana. Il cerchio è anche caratteristico della tendenza centripeta ed espansiva, ed è il segno dell'armonia, per questo le norme architettoniche sono spesso stabilite su rapporti e spazi che derivano dalla divisione della circonferenza.


*«Dio è un cerchio il cui centro è ovunque e la cui circonferenza è in nessun luogo» Ermete Trimegisto*

# La Spirale

L'uomo nel suo percorso spirituale segue un viaggio a spirale, attingendo energia e coscienza intrinseche alla struttura dell'universo. La spirale è una linea curva che ruota attorno a un punto centrale e che si allontana progressivamente da tale punto. Essa rappresenta l'emblema del sapere che avanza continuamente, ovvero dello spirito che ritrova se stesso nel corso della sua evoluzione. Il cosmo, infatti, per quanto soggetto ad un movimento ciclico alternativamente ascendente e discendente, si sviluppa secondo lo schema di una spirale infinita, ovvero ogni cerchio si rivela come una ripetizione del precedente ma su un gradino più alto, ossia con un'esperienza, una conoscenza maggiori. La Spirale è una delle forme geometriche più diffuse in Natura e uno dei simboli più frequentemente rappresentati. Riprendendo la simbologia del Cerchio con un'ulteriore dimensione di sviluppo dinamico, ben simboleggia il fluire del tempo, i cicli del cambiamento, la dinamicità dello scorrere dell'energia universale. E' simbolo di vita eterna, del flusso dell'acqua e degli eventi, della continua creazione e dissoluzione delle forme, del passaggio tra vita, morte e rinascita; rappresenta anche i profondi meandri della mente. Ritroviamo il magico potere della Spirale in molte danze Sacre, mediante le quali il danzatore cerca di entrare in intima connessione con il flusso della Vita e di riavvicinarsi allo Spirito, Fonte Divina della Vita stessa.

*«Io non conosco verità assolute, ma sono umile di fronte alla mia ignoranza: in ciò è il mio onore e la mia ricompensa» Kahlil Gibran*

# Il Pentagono stellato

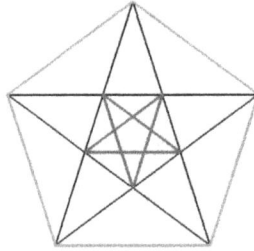

La sezione aurea fu studiata dai Pitagorici, i quali scoprirono che il lato del decagono regolare inscritto in una circonferenza di raggio $r$ è la sezione aurea del raggio. Da questo passaggio matematico, costruirono anche il pentagono regolare intrecciato o stellato, o stella a 5 punte che i Pitagorici chiamarono pentagramma, lo considerarono come simbolo dell'armonia e lo assunsero come loro segno di riconoscimento. A questa figura è stata attribuita per millenni un'importanza misteriosa, probabilmente per la sua proprietà di generare la sezione aurea da cui è nata. Il Pentagono è correlato alla simbologia del numero cinque, ha una connotazione dinamica e rappresenta l'essere umano, che, quando è disposto a gambe e braccia aperte, ne tocca i cinque angoli. La punta della stella contenente la testa indica il dominio dello Spirito, o della mente, sulla materia. Secondo la Dottrina Cabalistica è, infatti, l'Uomo Totale, quell'Adamo Celeste che non è caduto, in quanto Primordiale; è l'unione di tutti gli uomini della terra in un unico Uomo, cioè il progenitore della Razza Umana fatta a immagine di Dio. Riferito alle Dieci *Sefiroth*, sul piano della percezione umana, l'Adamo Celeste, o *Adam Kadmon* è la presenza della Divinità nella sua essenza universale, il Logos manifestato. Nel Cristianesimo Esoterico, invece, è identificato con il "corpo" di Gesù il Cristo, visto come la Divinità incarnata che è discesa sulla Terra per vivificare la sostanza materiale, il Verbo Divino, il Cristo Cosmico, il Messia Celeste. Questo disegno, insomma, è l'archetipo dell'Umanità, e la sua forma perfetta costituisce l'Ideazione originaria che scaturì dall'Assoluto, e che, guidata dall'Intelligenza Divina, ordinò e costruì la Materia sui piani più bassi, gli elementi della natura. Rappresenta, così, la più grande realizzazione di Dio e dell'Essere Umano. Non a caso, nella Scienza della Gnosi, il Pentagramma è stato descritto spesso "Fiammeggiante", indicazione d'Onnipotenza, per dare l'accento alle forze della Gran Luce Una che agiscono per mezzo suo, poiché da ogni suo angolo rientrante si diparte un raggio che mostra un'emanazione luminosa della Divinità. Presso gli antichi Egizi, era l'immagine di Horus, figlio del Sole e di Iside, ed incarnava la materia prima, il Fuoco Sacro, la sorgente inesauribile di vita e il germe universale di tutti gli esseri. Il Pentagramma è anche il *Pentalfa* o Pentagono regolare stellato di Pitagora. Pentalfa significa "cinque alfa", ossia cinque principi e Pitagora, ai quattro principi esposti da Empedocle, ne aggiunse un quinto unitario, la Natura. Gli fu dato questo nome proprio perché riproduce la lettera A (alfa), sulle cinque punte della Stella o nelle cinque diverse posizioni. Il Pentalfa aveva un significato mistico di perfezione. I discepoli lo tracciavano nelle loro lettere come saluto bene augurante e quindi per significare la parola "stai bene", vale a dire in armonia e salute. In questo modo gli veniva attribuito il potere di mantenere l'uomo in buona condizione fisica ed i pitagorici per rendere più efficace il suo valore occulto, scrivevano in corrispondenza dei vertici di questa Stella le lettere della parola *"Salus"*, cioè salute. Si pensava così che il Pentalfa potesse assicurare l'equilibrio delle cinque funzioni principali dell'uomo, l'integrazione armonica dei differenti aspetti umani. Solo l'uomo che si affida alla retta fede e alla Volontà Superiore, l'uomo che ama e serve, può utilizzare al meglio le meraviglie del Pentagramma con l'apice rivolto in su e scoprire così dentro di sé la Stella fiammeggiante, la Stella dei Magi, ciò che guida al Luogo Santo, ove nasce la Divinità incarnata, il Figlio di Dio. Il Pentagramma è il vero ed autentico simbolo del libero arbitrio. L'uomo può scegliere la strada che preferisce, quella del bene (evoluzione) o quella del male (involuzione), quella che canalizza le Energie Divine e fa diventare padroni della natura materiale, oppure quella che allontana sempre di più dagli Spiriti Celesti, rendendoci succubi delle entità negative.

«*Il Pentagramma esprime il dominio dello spirito sugli elementi; è con questo segno che si incatenano i demoni dell'aria, gli spiriti del fuoco, gli spettri dell'acqua e i fantasmi della terra. Armato di questo segno e opportunamente disposto, potrai vedere l'infinito, attraverso alla facoltà che si chiama occhio dell'anima, e farti servire dalle legioni degli angeli ...*»
*Eliphas Levi*

# La Stella a sei punte

L'Esagramma, Esalfa, lo Scudo di Davide o Sigillo di Salomone, è composto da due triangoli equilateri che hanno lo stesso centro, uno con l'apice rivolto verso l'alto e l'altro rivolto verso il basso. Anche se a prima vista potrebbero apparire simili, esiste una netta distinzione fra il Pentagramma e Esagramma, in quanto il primo simboleggia il microcosmo, ovvero l'uomo, mentre il secondo simboleggia il macrocosmo, il Grande Tutto. La Stella a Sei Punte, è connessa alla simbologia del numero sei e rappresenta una figura di equilibrio e bilanciamento di forze. Nell'ambito dell'Alchimia, il simbolo è l'unione tra l'elemento del fuoco, simboleggiato da un triangolo equilatero con la punta rivolta verso l'alto, e quello dell'acqua, un triangolo equilatero con la punta rivolta verso il basso. Questi due elementi mi fanno tornare alla memoria le parole di Cristo, che, rivolgendosi a Nicodemo, *disse: «In verità, in verità ti dico, se uno non nasce da acqua e da Spirito (fuoco), non può entrare nel regno di Dio».* E' solo un mio pensiero, che mi porta a dire che il sigillo di Salomone è quel simbolo esoterico che ci porta a meditare su questa nuova nascita. E' li che dobbiamo dirigersi per compiere la nostra missione terrestre, la trasfigurazione. Tornando al numero sei, a cui questo simbolo naturalmente si riferisce, ha tra i suoi significati quelli di unione e di mediazione. Nel simbolismo dell'estremo oriente, nei *Ching*, i sei tratti disposti in forma di linee parallele rappresentano il termine mediano della Grande Triade Cielo, Uomo e Terra. L'Uomo come mediatore fra il Cielo e la Terra. Si tratta senza ombra di dubbio dell'Uomo vero, colui che riesce ad unire in sé le due nature, quella celeste e quella terrestre. Il simbolo nel suo complesso, quindi rappresenta quella parte di "*Ein sof*" che può essere campo di studio e meditazione, in quanto enunciato nella sua azione sulla materia, e quindi nel suo complesso rappresenta la manifestazione, o spirito separato. Definire la manifestazione è impossibile, poiché la manifestazione è Dio, o meglio la Volontà creatrice e il suo creato, l'uomo, gli animali, le piante, i mari, le montagne, la terra, il cielo. La dinamica del simbolo farà si che, al termine della loro corsa, i due triangoli vengano a contatto solo per la loro base, comportando la perfetta unione con Dio. Dio per creare il mondo, deve rinunciare alla sua unicità e utilizzare la sua stessa sostanza per la creazione. Realizza nella sua coscienza individuale e unica, una coscienza plurale di esseri separati. L'unione con Dio è la realizzazione dell'alchimista che è riuscito a trasformare il piombo in oro, dell'*Avatara*, del nato due volte dallo stesso Atto Creativo, cioè il suo compito è quello di riportare nell'unità della sua coscienza, la coscienza di tutte le cose. Partire dal multiplo verso l'unità, annullando quindi la propria coscienza in una coscienza comune a tutte le altre. Un'ultima considerazione: dal medioevo, a oggi l'Esagramma era ed è ritenuto un simbolo magico di grande potenza, ed era praticamente scolpito in quasi tutte le cattedrali dell'epoca. Infine, se prendiamo l'esagono e inscriviamo la stella a sei punte e al centro poniamo la lettera *T* o il simbolo della Svastica, otteniamo la settima chiave delle Cose Celate, il legame con la Luce Astrale, le due colonne del Tempio, Jachin e Boaz.

# I solidi platonici

Nella geometria solida, il termine "*solido platonico*" indica un poliedro convesso regolare, che ha per facce poligoni regolari congruenti, cioè esattamente sovrapponibili, e tutti gli spigoli e i vertici equivalenti. Ne consegue che anche i suoi angoloidi hanno la stessa ampiezza. Se consideriamo un'altro punto di vista, ovvero che queste figure geometriche sono pari a simboli, scopriamo che essi producono un linguaggio su un piano di realtà diverso da quello che già conosciamo. Infatti in maniera assolutamente inconscia, l'anima ci collega a verità superiori tramite il riconoscimento di simboli, come una sorta di *deja vu*. Rimaniamo affascinati dai simboli, risuonano dentro di noi, ma più delle volte non riusciamo a darci una spiegazione del perché ci suscitano un emozione. Altre volte invece, quella emozione ci fornisce la spinta necessaria per intraprendere un viaggio interiore: la prima motivazione è la curiosità, e poi viene la sete di sapere. Può succedere di arrivare al simbolo e quindi al suo significato, tramite un aggancio scientifico. Ad esempio, quando gli scienziati scoprirono che i cristalli, e molte molecole dei composti chimici, si sviluppano o si aggregano solo secondo gli assi di simmetria dei cinque solidi platonici. Trall'altro, la scoperta del comportamento dei cristalli è stata molto importante, perché ha confermato la sacralità di queste cinque forme che sono diventate, anche per il grande pubblico, gli archetipi delle forme dei Regni della Natura. Tornando un passo indietro, è necessario e doveroso omaggiare il Maestro che per primo scoprì e studiò le caratteristiche di questi particolari solidi. Platone nato nell'anno dell'ottantesima Olimpiade, attorno al 428 a.C., fu un filosofo greco allievo di Socrate e maestro di Aristotele. I tre hanno il merito di aver posto le basi della filosofia occidentale. Affascinato dalla maieutica socratica e dal suo modo di condurre gli studenti alla conoscenza, si appassionò a molti temi, tra cui la giustizia, la bellezza e l'uguaglianza, la politica, l'epistemologia e la filosofia del linguaggio. Fondò l'Accademia di Atene, uno dei primi istituti di istruzione superiore del mondo occidentale, che continuò ad operare ben oltre la sua morte. L'Accademia fu chiusa solo nel 529 d.C, dall'Imperatore Giustiniano, mentre il filosofo morì ad Atene, intorno al 347 a.C., dopo aver dedicato gli ultimi anni della sua vita ai suoi studenti e ai suoi scritti. Platone espone una delle sue teorie più importanti, inserendo come protagonista nel suo saggio "*Timeo*", proprio il suo Maestro Socrate, facendolo dialogare, sulla Creazione, sull'origine dell'Universo, sull'origine della materia, fino al tema della natura umana, con Timeo che nella sua epoca era uno degli esponenti della scuola pitagorica. L'Opera è di basilare importanza, in quanto Platone cerca di sciogliere il dualismo tra mondo delle Idee eterne, e mondo delle cose. Introduce dunque la figura del Demiurgo, un divino artigiano cui è affidato il compito di plasmare la materia, eterna, caotica e preesistente, a sua immagine e somiglianza. Il cosmo platonico è originato da questo rapporto e da questa azione del Demiurgo, che

*«Vi è il benessere che deriva dal piacere di seguire il cammino che conduce alla fine di tutti i mali. Ciò che, a prima vista, sembra una bevanda amara, si rivela alla fine un nettare di immortalità»* Baghavad Gita

agisce in quanto buono e amante del bene.   Egli è come uno scultore che prende il marmo informe e plasma il regno delle idee, gli dà forma.   Inoltre descrive per la prima volta la forma della Materia, di come gli elementi, Fuoco, Terra, Aria, Acqua e Etere, appaiono in Natura, di come le loro forme geometriche interagiscono e si relazionino tra loro, strutturando la Natura stessa.  Per definizione, ogni numero poligonale è sempre la somma di triangoli, così come ogni numero piramidale è somma di numeri tetraedrici.    Per ciò anche le cinque figure cosmiche, in particolare il dodecaedro, simbolo dell'universo, sono composti da tetraedri. L'intero universo, quindi, si riduce ad una somma di atomi tetraedrici.   La fisica moderna sta dando ragione a Pitagora perché dopo aver frazionato l'atomo ed aver visto che in realtà, neutroni e protoni erano fatti di particelle più piccole, Quark, Gluoni, ed altro, ha poi verificato che questi sono composti da corpuscoli ancora più minuscoli, tutt'altro che sferici e fatti come stringhe di energia che si scambiano cariche su schemi geometrici, come fossero cristalli. I cinque solidi platonici di cui stiamo parlando e il loro elemento attribuito sono: Il Tetraedro legato all'elemento Fuoco, il Cubo o Esaedro fissato all'elemento Terra, l'Ottaedro all'elemento Aria, l'Icosaedro attribuito all' Acqua e il Dodecaedro all'Etere.  La Pentasfera è la somma dei solidi platonici e degli elementi a loro attribuiti, lavorare con il cristallo Pentasfera ci collega alla natura e ai regni superiori del cosmo.  La forma ha in se le proprietà metafisiche dei solidi, rendendola un valido e prezioso strumento per la salute, la meditazione e i rituali.   Vediamo adesso le caratteristiche di ogni singolo solido platonico.

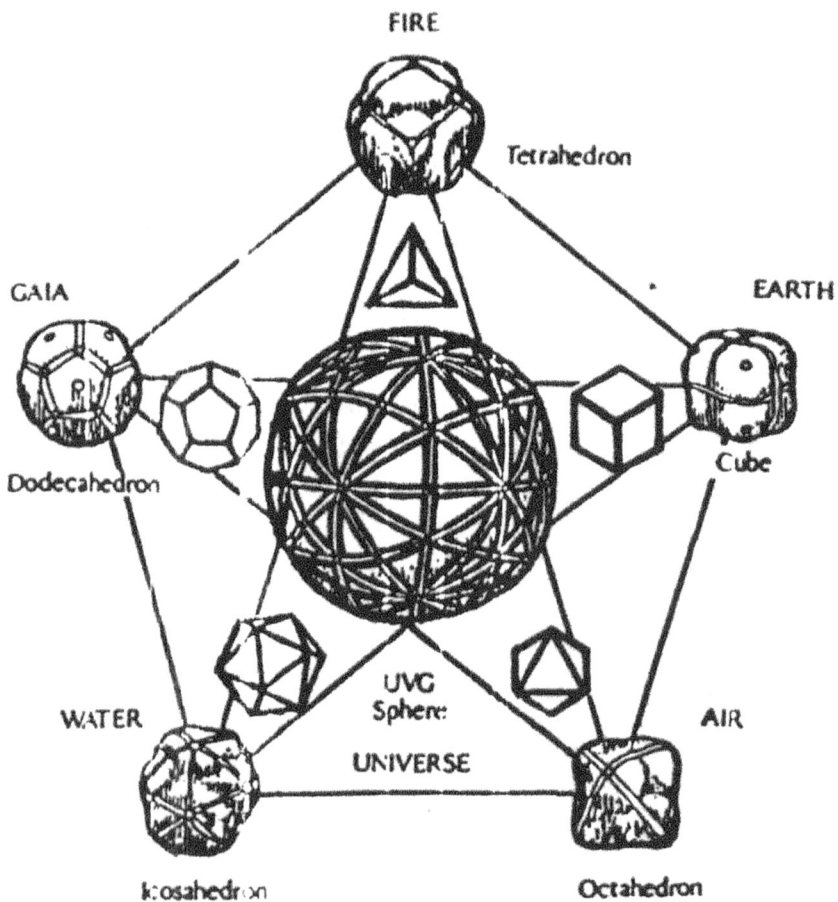

FIRE

Tetrahedron

GAIA

EARTH

Dodecahedron

Cube

UVG
Sphere:

UNIVERSE

WATER

AIR

Icosahedron

Octahedron

# Il Tetraedro

300

III

Tetraedro regolare, con le sue quattro facce triangolari, quattro vertici e sei spigoli, è il simbolo del Fuoco. Tale corrispondenza è stata determinata dalla conformazione del solido, il cui vertice ricorda la punta della fiamma, che si eleva sopra la base. Ogni faccia del tetraedro è suddivisa da tre diametri della circonferenza circoscritta, condotti per i vertici della faccia in sei triangoli rettangoli eguali tra loro, e considerando i tetraedri che hanno per vertice comune il centro del tetraedro regolare e per base i 24 triangoli eguali in cui è divisa la superficie, il tetraedro consta di 24 tetraedri equivalenti. Oltre all'elemento fuoco, tale figura rappresenta i poteri di manifestazione e creazione, il colore Rosso il terzo chakra in corrispondenza del Plesso Solare. Aiuta nella dissoluzione dei problemi ed è di genere maschile. In Alchimia, il fuoco è un catalizzatore sia all'inizio degli esperimenti che al loro completamento. Questo elemento indica la mobilità, il movimento in avanti e verso l'alto, esattamente come la fiamma, il passaggio tra le fiamme che fanno assurgere ad aspirazioni di carattere solare e luminoso. Per il fuoco, il cambiamento deriva dalla completa combustione della base combustibile, siano esse, sia le limitazioni mentali, che quelle spirituali che fisiche o i pensieri di bassa lega o similari, la trasformazione e l'arrivo all'illuminazione sono attributi normalmente contenuti nel fuoco, la distruzione di tutte le limitazioni di qualsiasi carattere, basti vedere il significato simbolico della Fenice. A livello fisico è l'unico elemento in grado di trasmutare i metalli vili.

# Il Cubo o Esaedro

**Fe**

**3**

**IV**

Il Cubo o esaedro, simbolo dell'elemento Terra, ha sei facce quadrate, otto vertici e 12 spigoli. Filolao, vedeva nel cubo l'immagine dell'armonia, perché il numero dei suoi vertici è la media armonica dei numeri delle facce e degli spigoli, cosa che però accade anche per l'ottaedro. Ogni faccia del cubo è suddivisa dai diametri della circonferenza circoscritta passanti per i vertici, in quattro triangoli rettangoli isosceli eguali, quindi la superficie del cubo è suddivisa in 24 triangoli rettangoli eguali; inoltre, tale solido consta di 24 tetraedri equivalenti il cui vertice è il centro del cubo stesso. Il Cubo rappresenta l'elemento Terra, il colore Verde e il primo chakra. È di genere maschile. Come simbolo della Terra, detiene le chiavi della chiarezza e della profonda intuizione: in una parola, la Terra è il simbolo della vita intera. Comprendiamo anche che il simbolo della Terra non risulta essere solamente fisico o materiale, ma anche legante di tutte le cose e i concetti, e solo tramite esso possiamo apprendere gli insegnamenti di altri elementi mentre senza non riusciremmo a farlo.

La Terra incarna il concetto di casa, appartenenza, rappresenta la saggezza tribale e ancestrale, semplice ma non semplicistica, profonda, eppure così luminosa e a portata di mano.

# L'Ottaedro

1

O₂

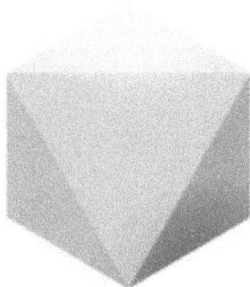

VIII

L'Ottaedro rappresenta l'Aria ha otto facce che sono dei triangoli equilateri, sei vertici e 12 spigoli, per cui la superficie dell'ottaedro è suddivisa in 48 triangoli rettangoli eguali. Di conseguenza, il poliedro consta di 48 tetraedri equivalenti. Ad ogni poliedro regolare corrisponde un poliedro polare per il quale i numeri delle facce e dei vertici si scambiano, mentre il numero degli spigoli resta invariato. Il tetraedro è autopolare, invece il poliedro polare dell'ottaedro è il cubo. Tale figura rappresenta l'Amore, il cuore e la compassione, l'integrazione, il sentiero di 8 volte verso l'illuminazione, l'elemento Aria, il colore giallo e il quarto chakra. Aiuta a proseguire negli intenti, è il nostro bambino interiore. Al pari del Fuoco, l'Aria è un elemento maschile. Tuttavia, essa è simbolicamente attraversata da un tratto orizzontale che esprime un arresto del moto ascensionale Fuoco. In questo senso essa costituisce il punto di incontro tra il fisico e il metafisico. Inoltre, da un punto di vista ermetico l'Aria è associata al Mercurio androgine, emblema del sapere, della conoscenza e dell'intelletto.

*«Prima di pensare a cambiare il mondo, fare le rivoluzioni, meditare nuove costituzioni, stabilire un nuovo ordine, scendete prima di tutto nel vostro cuore, fatevi regnare l'ordine, l'armonia e la pace. Soltanto dopo, cercate delle anime che vi assomigliano e passate all'azione» Platone*

# L'Icosaedro

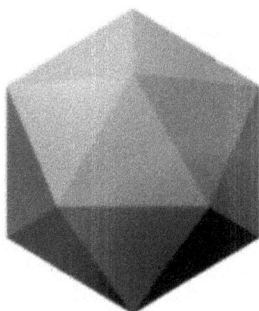

40

H₂O

XX

L'Icosaedro, che rappresenta l'Acqua, è composta da venti facce che sono triangoli equilateri, e possiede dodici vertici e trenta spigoli. La sua superficie è suddivisa in 120 triangoli rettangoli eguali e l'icosaedro consta di 120 tetraedri che li hanno per base, ed hanno per vertice comune il centro del poliedro. Secondo gli alchimisti, l'icosaedro simbolico è quel cristallo sconosciuto chiamato il "vetriolo dei filosofi", un'acqua che è puro spirito. Savinien Cyrano di Bergerac scrisse in età matura numerosi testi simbolico alchemici in uno di questi *"L'autre Monde"* viene rapito in una macchina volante a forma di Icosaedro e trasportato nel regno del Sole. Dopo avere attribuito a ciascuno di questi quattro poliedri la corrispondenza con l'elemento fuoco, aria, acqua e terra, Platone fa tacere Timeo, cui fa dire soltanto: *"rimane così ancora una forma di composizione che è la quinta, di quella si fu giovato Iddio per il disegno dell'universo"*. Platone ed i pitagorici sapevano che i poliedri regolari sono cinque e cinque soltanto, come si dimostra in modo semplice, ed osserviamo che anche si perviene al numero cinque. Il numero pitagorico per eccellenza che é simbolo dell'Altissimo. Rappresenta la preghiera, la trasformazione, il colore blu, il secondo chakra ed è corrispondente all'elemento Acqua. Può aiutarti a mantenere la concentrazione e la quantità di moto. È di genere femminile. L'elemento acqua è la trasformazione e l'iniziazione primordiale. Non a caso nel Cristianesimo il rituale che apre la porta a tutti gli altri sacramenti è proprio il Battesimo. Mentre nell'Antico Testamento, nella traversata da parte degli Ebrei del Mar Rosso o durante il Diluvio universale, accade che un mondo si affida alle acque per trasformarsi.

# Il Dodecaedro

AU

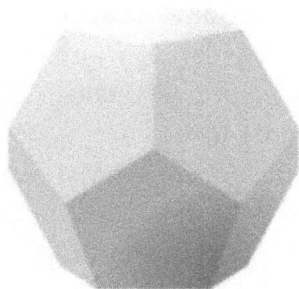

ﬥ

30

XII

Il dodecaedro è il poliedro polare dell'icosaedro ed ha pertanto dodici facce che sono dei pentagoni regolari, ha venti vertici e trenta spigoli. Applicando ad esso il procedimento di suddivisione precedente, troviamo che i diametri delle circonferenze circoscritte ad una faccia passanti per i vertici, la suddividono in dieci triangoli rettangoli uguali, e se nella faccia si inscrive il *pentalfa* o la stella a cinque punte, tutto il pentagono viene suddiviso dai lati del *pentalfa* e dai diametri passanti per i vertici del pentalfa in trenta triangoli. La superficie del dodecaedro si suddivide in tal modo in 360 triangoli, di conseguenza il dodecaedro si compone di 360 tetraedri, che hanno per vertice il centro del poliedro.  Ora 360 è il numero delle divisioni dei dodici segni dello zodiaco, oltre che il numero dei giorni dell'anno egizio. Il Dodecaedro rappresenta le 12 facce del *"Dio dentro"*, l'Ascensione, gli Insegnamenti della scuola del Mistero, il colore Oro, l'elemento Etere *"Spirito"* e i chakra superiori da 7 a 12. Permette la connessione alla forza vitale universale. Il suo genere è femminile.  Tradizionalmente Il numero dodici ha un carattere Sacro ed Universale, oltre a essere il numero dei mesi dell'anno e dei segni dello zodiaco. Inoltre, molti Dodecaedri celtici pervenutici attestano l'importanza che gli antichi davano a questo numero ed al Dodecaedro stesso.  Fatti e ragioni che avvalorano la scelta del Dodecaedro come simbolo dell'universo. Secondo i Cabalisti, il Dodecaedro, base dell'Universo, giace celato nel Cubo perfetto. Ogni faccia del Cubo germoglia in un "tetto" obliquo al fine di trasformarsi in un Dodecaedro.  Ogni forma di energia pulsa da un punto, attraverso l'Icosaedro, nell'Ottaedro, al Tetraedro, al Cubo, al

Dodecaedro, ancora nell'Icosaedro per poi tornare una volta ancora alla Sfera o Punto. In conclusione, abbiamo visto che i poligoni che formano questa Realtà si contengono l'un l'altro, in scale di grandezza variabili, "vibrano" contraendosi ed espandendosi in cicli ritmati dalle rotazioni sul loro asse principale e scambiano, a seconda del variare della polarità, i loro vertici. Questa è la base della formazione della realtà poligonale. Ciò che percepiamo con i nostri sensi e sopratutto con la vista, sono effetti ottici dovuti al gioco della rifrazione della Luce, che si scompone e si ricombina nello spettro dei colori delle frequenze visibili. Se noi potessimo osservare dall'esterno questo sistema di leggi fisiche percepiremmo la Realtà poligonale per quello che è. Quindi possiamo dire che tutto ciò che esiste in questa Realtà, tranne l'Unità, sia un'illusione, che l'intero Universo per come lo possiamo approssimativamente percepire, sia pure nella bellezza della sua elaborata costruzione, è soltanto un flusso di Pensiero messo in forma dalla Volontà di Creazione del *Logos*. Dietro a ogni Costruzione del Disegno Divino, c'è uno scopo, per quanto imponderabile. Noi che siamo parte di questa meravigliosa costruzione, possiamo gioire delle sue bellezze e apprendere il più possibile dai suoi misteri, per poter poi divenire a nostra volta creatori di mirabili costruzioni di Pensiero che arricchiranno la Creazione. Questo è lo scopo dell'esistenza, la Creazione nell'Amore e nell'Armonia.

*«La Terra è la sfera che misura tutte le altre. Circoscrivi ad essa un dodecaedro: la sfera che lo comprende sarà Marte. Circoscrivi a Marte un tetraedro: la sfera che lo comprende sarà Giove. Circoscrivi a Giove un cubo: la sfera che lo comprende sarà Saturno. Ora inscrivi alla Terra un icosaedro: la sfera inscritta ad essa sarà Venere. Inscrivi a Venere un ottaedro: la sfera inscritta ad essa sarà Mercurio. Hai la ragione del numero dei pianeti»* Johannes Keplero

# Il Cubo di Metatron

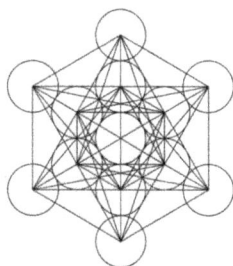

Il Cubo di Metatron è un simbolo della Geometria Sacra, una Mappa della Creazione venerata dai mistici sin dalle antiche civiltà. Si ritiene che il Cubo di Metatron dimostri come è sia la Creazione del nostro Universo. Il suo nome deriva da quello dell'Arcangelo Metatron, Angelo che appare nelle tradizioni giudaica, cristiana e islamica. Metatron è uno dei due arcangeli il cui nome non finisce con il suffisso -*El*, che significa "di Dio", questo perché Metatron e Sandalphon erano entrambi dei profeti umani che vissero delle vite pie, e furono ricompensati con l'ascensione "*Merkabah*" nel regno degli Arcangeli. Il libro Talmud "*Apprendimento*", lo Zohar "*il libro dello splendore*", e il Libro apocrifo del profeta Enoch fanno riferimento a Metatron come il *Lesser YHVH*, "la Parola di Dio" e lo scriba di Dio. Colui che divulga la parola di Dio attraverso il suono, la vibrazione che attraversa i Regni. Il Cubo è una complessa figura geometrica tridimensionale, composta da tredici sfere tenute insieme da settantadue linee, che partono dal centro esatto di ciascuna sfera. Esse rappresentano l'Energia Femminile, mentre le linee rette rappresentano l'Energia Maschile. Il Cubo di Metatron perciò rappresenta l'Uomo Androgine, l'*Adam Kadmon* del principio, al tempo della coesione con Iddio. Il Cubo di Metatron contiene in sé tutte le forme chiave che sono alla base della Materia che compone il nostro Universo. Le principali sono le cinque forme conosciute come i solidi platonici, e la Merkabah, ossia il Tetragono stella. il Cubo di Metatron può essere considerato lo schema biogenetico universale, il modello geometrico primario della Natura, cioè la ripetizione modulare del "*Seme della Vita*", composto da sette cerchi posizionati secondo una Simmetria Esagonale, che contiene lo schema "*dell'Albero della Vita*", da cui il "*Fiore della Vita*" e ne consegue il "*Frutto della Vita*". Queste configurazioni non sono altro che tappe di un modello cosmogenetico che si basa sull'espansione della

Coscienza Divina in moduli sferici, la cui interconnessione si ritrova ovunque anche nella Natura fisica.

Creazione infinita

2° giorno
della Genesi

3° giorno
della Genesi

4° giorno
della Genesi

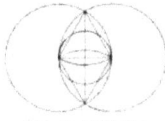

5° giorno
della Genesi

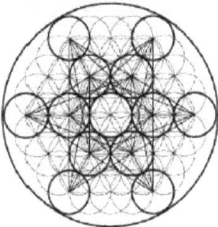

Mandorla Mistica
Vescica Piscis
1° giorno
della Genesi

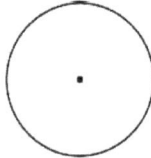

Io sono

Frutto della Vita

Fiore della Vita

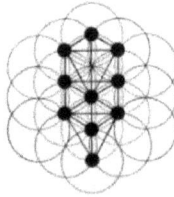

Albero della Vita
Gnosi Integrale

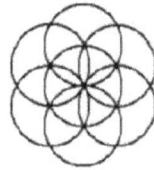

Seme della Vita
6° giorno
della Genesi

*«Tutta la materia ha origine ed esiste solo in virtù di una forza che fa vibrare le particelle di un atomo e che tiene insieme il minuscolo sistema solare dell'atomo... Dobbiamo supporre l'esistenza di una mente conscia e intelligente dietro a questa forza. Questa mente è la matrice di tutta la materia.» Max Planck - Padre della fisica quantistica*

# La Merkabah

La parola *Merkavah*, in ebraico significa "carro, biga". E' usata in Ezechiele (Ez1,4-26) con riferimento al carro-trono di Dio con Angeli detti *Chayyot*, dall'ebraico "esseri viventi", ognuno dei quali ha quattro o sei ali, due verso i piedi, due all'altezza del torace e due che coprono il volto, e quattro facce, di un Uomo, di un Leone, di un'Aquila e di un Bue. Il profeta Ezechiele ne descrive la struttura parlando di ruote ed una lastra al di sotto. La descrizione del movimento di più ruote viene associata all'andare e al ritornare degli Angeli presenti nel Carro Celeste della *Merkavah*. Nei testi della *Qabbalah* ebraica sono molti i cenni ad essa. Le *Chayyot* vengono descritte assieme all'Angelo Metatron e all'Angelo Sandalphon. Un altro ordine angelico della *Merkavah* è quello degli *Ofanim* a cui viene associato il principio del *Chashmal* (sostanza infuocata che costituisce i pilastri su cui poggia il mondo) in corrispondenza delle *Chayyot*. Un elemento caratteristico della visione della *Merkavah* descritto dal profeta Ezechiele è il crisolito, un minerale della varietà dell'Olivina di color verde limpido. Nella tradizione egizia, il Carro di Fuoco, è un veicolo che l'essere umano si costruisce per evolvere e ascendere a dimensioni superiori. Comunque, In tutte le tradizioni si fa attinenza ad un carro o meglio a un "Carro di Fuoco". Nella tradizione esoterica il Fuoco è l'Energia vitale o la Mente, intesa come Coscienza Universale, che attraverso la Vibrazione del suono REN (nome segreto) produce Energia che diviene sempre più densa fino a materializzarsi. Il Carro è il Corpo di Luce o *Merkavah* che, come tutte le cose, ha una natura e conformazione geometrica. Quello umano ha la forma geometrica di un tetraedro a stella, ovvero di due tetraedri intersecati uno nell'altro. Come esseri umani, abbiamo tre parti detti "principi": Spirito, Anima Emotiva, Anima Eros Dinamica, che non vediamo separati ma fusi, ed anche il corpo della Resurrezione ha una parte fisica, una emozionale ed una mentale fusi, ma nella meditazione vanno visti separatamente. Si diventa un corpo di Luce, unione piramidale di MER "Luce" di KA "Spirito" e BA "Corpo", *Manifestazione del Corpo di Luce*, esercitando la consapevolezza di Sè. E' grazie al Ricordo isiaco di Sè che noi possiamo ricomporre i 14 pezzi del nostro Osiride, avendo contatto con la nostra parte immortale. Mettendoci nella posizione del testimone di noi stessi, attuiamo uno sforzo cosciente per sviluppare noi stessi e trasformarci in Corpo di Luce. E' il corpo di luce che trasmigra da una Individualità ad un'altra, non da un corpo fisico ad un altro. Morendo, ci si spoglia del corpo fisico, delle emozioni e dei pensieri, ovvero dell'Ego contingente che abbiamo vissuto. Ciò che resta è l'Io Essenziale, il Corpo di Luce, che può essere più o meno evoluto. Tommaso Palamidessi scriveva «Prima di tutto ricordiamoci che siamo immersi in un mare fluidico di forze sottili chiamate "piani della Natura, cieli, acque", che si compenetrano e sono compresenti. La materia di tutti questi piani occupa lo spazio stesso. La scienza spiega che l'etere interpenetra ogni cosa fisica, anche la più dura e la più densa. Nessun atomo o molecola sono a contatto diretto fra loro, ma ciascuno è sospeso in un oceano di etere. Per la scienza fisica esoterica anche l'etere è atomico, ed i suoi atomi non si toccano. Rimangono sospesi in un ambiente di materia ancora più fine, denominata dagli ermetisti "materia astrale". A loro volta, gli atomi astrali risultano sospesi nella materia mentale. La materia eterica, astrale e mentale costituisce l'uomo mortale, ma vivente finché i suoi corpi, eterico, astrale e mentale, sono manovrati dai rispettivi principi immortali: spirito, anima emotiva, eros. L'uomo vero è costituito da questi tre princìpi o essenze, dotati: il primo di volontà, il secondo di emotività, il terzo di creatività. Le tre essenze registrano le loro impressioni, durante ogni vita, nei meccanismi di un corpo sottile formato con la materia mentale del 1°, 2° e 3° sotto-piano del piano mentale: il suo nome è Corpo Causale. Esso resiste per millenni, sempre legato ai tre principi (spirito, anima ed eros), costituendo l'Ego e annota come un cervello elettronico le esperienze di ogni reincarnazione. Quando noi pensiamo o desideriamo qualcosa nel processo dell'immaginazione, mettiamo in movimento la materia del rispettivo piano mentale, astrale ed eterico, e se la nostra concentrazione è forte, possiamo anche modellare, creare tutte le forme possibili e immaginabili in questo mare di forze plastiche.».

Il primo campo morfogenetico della *Merkabah* è il tetraedro stella, ossia la Stella di Davide in rotazione. Questa figura sacra avvolge il nostro corpo e collega tra loro le nostre otto cellule originarie, il sistema dei chakra e quello dei meridiani della Medicina Cinese. La contro rotazione delle due piramidi triangolari contrapposte sono campi di luce, un veicolo capace di attraversare lo spazio, il tempo e le dimensioni. La padronanza completa di questo veicolo, porta a viaggiare su altri livelli dimensionali e quando si utilizza questa padronanza per elevarci completamente su di un'ottava dimensionale superiore otteniamo "l'Ascensione" e che corrisponde all'immortalizzazione dell'Essere. La *Merkabah* è legata al centro del corpo alla base della spina dorsale, inizia nelle otto cellule originarie da cui i nostri corpi fisici sono stati creati. Queste cellule sono collocate leggermente sopra il perineo e nel corso della vita non muoiono mai, a differenza di tutte le altre cellule del corpo. Da quel punto centrale la *Merkabah* si estende a formare una stella tetraedro larga quanto l'ampiezza delle nostre braccia distese ed è attraversata da un canale sottile i cui due apici collegano la terza dimensione alla quarta. Da questo canale possiamo respirare direttamente il Prana quadrimensionale. L'irradiamento dei campi di luce ruotanti di una *Merkabah* attivata o viva arriva a circa diciassette metri di diametro, creando una forma discoidale, mentre la forma geometrica più periferica che la *Merkabah* può assumere è il Dodecaedro stellato. Il Dodecaedro stellato è il punto terminale delle geometrie, le dodici costellazioni zodiacali e i dodici *Archetipi Maggiori* corrispondono esattamente a questo limite dell'universo. In mezzo all'*Alfa* il Tetraedro stellato, e all'*Omega* il Dodecaedro stellato, ci sono tantissimi altri campi energetici che abbracciano tutte le forme geometriche possibili.

*«Ogni triangolo sia acuto, rettangolo o equilatero ha un suo profumo spirituale. Paragonato ad altre forme questo profumo si differenzia, acquista delle sfumature, ma rimane fondamentalmente immutabile, come il profumo della rosa che non si può confondere con quello della mammola.»*
Michele Emmer

# Capitolo 3

## Colore, Suono, Cristalli, Chakra e Zodiaco

# I Colori

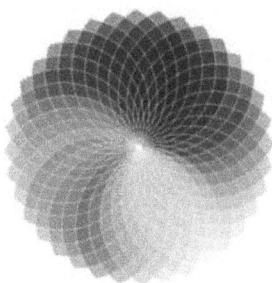

Partendo dal punto di vista fisico, la luce visibile ci appare bianca ed è la somma di tutte le frequenze dello spettro ottico. A ciascuna frequenza del visibile è associato un determinato colore. In particolare la diversità di colore dei corpi che non emettono luce propria, percepito poi dall'occhio umano, deriva dal fatto che un certo corpo assorbe tutte le frequenze o lunghezze d'onda dello spettro visibile, ma riflette una o più componenti o frequenze della luce bianca, che danno vita al colore percepito dall'occhio umano. In particolare nei due casi estremi un corpo appare bianco quando assorbe tutte le frequenze riflettendole a sua volta tutte, viceversa un corpo appare nero quando assorbe tutte le frequenze e non ne riflette alcuna. Ogni sorgente di luce emette fotoni di diverse lunghezze d'onda, per cui quello che appare come tinta unica è solo la lunghezza d'onda dominante. I colori propriamente detti cromatici o primari sono il rosso, il giallo e il blu, che insieme ai loro derivati secondari e terziari esprimono la mutevolezza stessa degli elementi naturali esteriori, come le piante, la terra e il cielo. Il bianco, il nero e le relative combinazioni in grigio acromatico evocano invece l'elemento spirituale interiore, costituito dalla luce e dal buio.

Fu Newton che dimostrò per la prima volta con il suo *experimentum crucis*, la relazione tra la proprietà fisica della luce e il colore sotto la cui forma ci appare la fonte di luce, oggi noi lo chiamiamo spettro visibile.  Dimostrò anche, che il colore dipende dalle caratteristiche fisiche della luce che arriva sul nostro occhio, ma non è di per sé un'entità fisica, il colore è una qualità della nostra sensazione visiva, e come tale è un'entità puramente soggettiva.  Il colore che noi attribuiamo alla luce o agli oggetti è il risultato di un processo complesso che inizia nei nostri occhi per azione di radiazioni di opportuna lunghezza d'onda che gli oggetti osservati ci riflettono, l'elaborazione di questa informazione continua poi nel cervello.  In questo processo entrano in gioco le proprietà fisiche della luce e delle componenti ottiche del nostro occhio, le proprietà fisiologiche dell'occhio e del cervello, e anche fattori genetici, che possono influire sulle sensazioni cromatiche  percepibili da un soggetto.

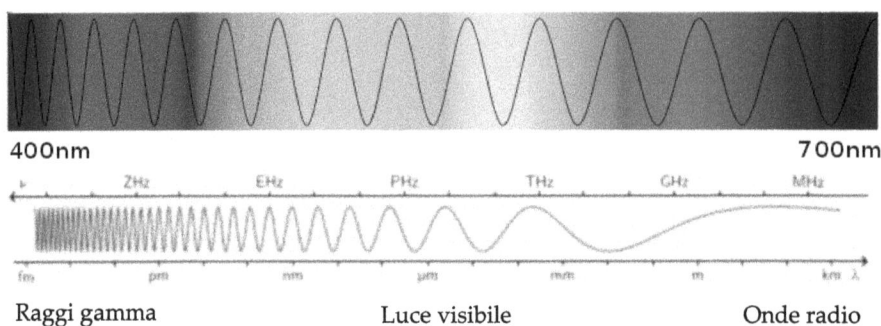

400nm                                                                    700nm

Raggi gamma                        Luce visibile                    Onde radio

Lo spettro visibile è quella parte dello spettro elettromagnetico che cade tra il rosso e il violetto includendo tutti i colori percepibili dall'occhio umano che danno vita dunque al fenomeno della luce. La lunghezza d'onda della luce visibile nell'aria va indicativamente dai 390 ai 700 nm (1 nanometro $10^{-9}$ metri, cioè un miliardesimo di metro, pari ad un milionesimo di millimetro) le lunghezze d'onda corrispondenti in altri mezzi, come l'acqua, diminuiscono in proporzionalmente all'indice di rifrazione.  In termini di frequenze, lo spettro visibile varia tra i 770 ed i 430 THz (1Tera Hertz  è $10^{12}$ Hz = 1 000 000 000 000 Hz).  Il colore è energia, la scienza ci spiega che la luce e quindi i colori sono onde elettromagnetiche di diverse lunghezze d'onda e sono un prodotto della nostra percezione sensoriale.  Dobbiamo considerare, che tutto ciò che i nostri sensi percepiscono è solo la risultante filtrata dai vari piani d'esistenza, delle vibrazioni sul piano dell'Etere.  Quindi i sensi hanno una taratura per il piano a tre dimensioni e sono molto limitati, se fossimo in grado di estendere i nostri sensi, trall'altro cosa possibile, i colori percepiti sarebbero luce allo stato puro. I colori sono in grado di attivare, i centri vitali ed è risaputo da millenni, se ne trova l'applicazione nella tradizione cinese, indiana, tibetana ed egiziana. E' noto che ogni forma di vita emette in continuazione determinate vibrazioni che creano, intorno ad ogni essere, quel campo energetico chiamato *"Aura"*. Quando le vibrazioni emesse dai colori entrano in contatto con l'Aura, avviene un influenza reciproca in grado di modificare le energie e le emozioni. I colori, quindi non solo esprimono in maniera incomparabile il nostro stato d'animo, ma sono in grado di interagire con la nostra essenza energetica. Dal punto di vista esoterico, secondo Alessandro Benassai, la parola *"Colore"* deriva dal latino *colore(m)*, dalla medesima radice del verbo celare, nascondere, la parola colore indica quindi l'apparenza esteriore che nasconde qualcosa d'interiore. In greco croma (colore) indica la superficie del corpo umano, l'epidermide, l'apparenza esteriore dell'anima. Il colore rappresenta l'invisibile visibile. L'aura umana, fatta di colori luce, rivela lo stato dinamico della personalità dell'uomo interiore, dell'Io, definito una Luce ricoperta di luci, così come le Luci Divine, le Energie Increate, le Sephiroth, rivelano l'attività creatrice di Dio, la Vera Luce, il Sole che sorge per dileguare con i suoi raggi le tenebre della morte. Nell'Aura umana i colori luce indicano lo stato evolutivo dell'uomo o della donna, i pregi ed i difetti, mentre le Luci Divine indicano la perfezione assoluta del Creatore. La luce è fuori di noi come energia radiante, ma i colori sono dentro di noi, nei segreti meccanismi della psiche, dal di fuori giungono le onde luminose che stimolano i nostri occhi, e diventano impulsi elettronici, immagini psichiche. Il colore dunque esiste in noi nell'organizzazione nervosa, ed esiste in noi anche dopo morti. Il mondo dei colori non è tutto ciò che arriva in noi da quanto ci circonda nel mondo fisico, vi è n altro mondo del colore.

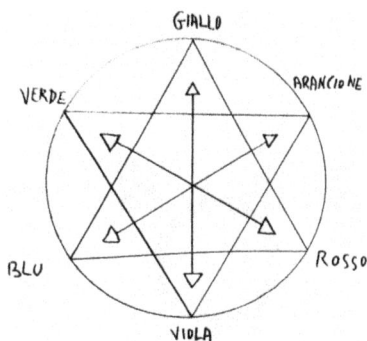

# Il simbolismo del colore rosso

*Frequenza 400 - 484 THz - Lunghezza d'onda 620 - 750 nm*

Il colore rosso, complementare del verde, ha la lunghezza d'onda minore, ma grande capacità penetrativa, con la minore energia e si trova al limite caldo dello spettro. Fin dall'antichità il rosso ha sempre rappresentato l'elemento fuoco, la parola deriva dal sanscrito e significa sangue, vita, accrescimento delle forze vitali e di fertilità. Il rosso è collegato alle passioni come l'amore e la guerra, è il colore di Marte, Dio della guerra, del coraggio, dell'aggressività, della forza, dell'istinto, del desiderio ed è legato alle pulsioni ancestrali come il sonno, la fame, la sessualità. Chi è attratto dal rosso e ci entra facilmente in risonanza ha un carattere vivace, pieno di energia, esuberante e.ha un buon rapporto con la sessualità. Il rosso è un colore stimolante, eccitante, aumenta la frequenza cardiaca, respiratoria e la pressione arteriosa, stimola l'attività neuronale, ghiandolare e del fegato. A livello fisiologico è in relazione con i muscoli e con l'apparato osteoarticolare, a livello energetico è in relazione con il primo chakra Muladhara o chakra coccigeo. Questo colore, indica lo Spirito Santo inteso come Amore. Nella sua sfumatura porpora ricorda l'Aurora del mondo. Il rosso insieme al bianco sono consacrati a Jehovah, nel significato di Dio Amore e Saggezza. Diogene chiamava il rosso, *"simbolo della Virtù"*. Il colore Rosso in Alchimia rappresenta il Rubedo, arrossamento o iosis, associato all'elemento fuoco, il mercurio filosofale, il cinabro, la coagulazione, il tramonto, l'incontro tra Sole e Luna, l'androgino quale fusione tra maschile e femminile, il rebis, il matrimonio tra anima e spirito, le nozze alchemiche, la pietra filosofale, il simbolo della fenice, Ermes, Mercurio, il caduceo, Prometeo, il termine della Grande Opera.

♂

# Il simbolismo del colore arancione

*Frequenza 484 - 508 THz - Lunghezza d'onda 590 - 620 nm*

Risultato della mescolanza di giallo e rosso è il colore della serenità. L'arancione, complementare del blu è il simbolo e il colore dell'energia ed è il colore della crescita, simboleggia l'alba, il risveglio. E' un colore capace di attenuare la tensione, i crampi e di sublimare le pulsioni ancestrali tipiche del rosso in forme e desideri più complessi ed evoluti. L'arancione è legato alla sensualità, alla respirazione profonda ed è quindi perfetto chi ha una respirazione superficiale, toracica, asmatica o per chi soffre di claustrofobia, adatto anche per i reumatismi. Il colore arancione stimola l'ambizione e infonde allegria ed è consigliato per ritrovare energia, stimola la ghiandola tiroidea ed la secrezione del latte materno, ha potere di riequilibrio energetico e riesce a smobilitare le cristallizzazioni di energia fatto molto importante per molte problematiche cutanee, renali, biliari, nervose e intellettuali. Corrisponde al secondo chakra sacrale, Swadhisthana.

♃

# Il simbolismo del colore giallo

*Frequenza 508 - 526 THz - Lunghezza d'onda 570 - 590 nm*

Il giallo è il colore più vivo, radiante, il più vicino alla luce del Sole, è un colore caldo, ad alto valore termico, ha un'azione stimolante ma non costante come il rosso, agisce sui nervi motori, produce energia per i muscoli e grazie alla sua attività stimolante anche del sistema nervoso, aumenta la capacità di memoria, concentrazione e allo stesso tempo di socializzare.  Il giallo è complementare del viola, è il colore dell'intelletto percettivo, ed è legato al terzo chakra del plesso solare, Manipura.  Il Sole, l'oro ed il colore giallo, sono stati scelti per rappresentare le tre rivelazioni: primitiva, mosaica e cristiana.  Il Sole è simbolo della Luce Rivelata (Punto visibile di una entità invisibile), in Persia si onora il Verbo Mistico, che si manifesta con il mediatore solare Mithra.  In India viene adorato Visnù, il Sole Spirituale che si incarna nel Signore Krishna, molti altri si vestono di Sole come Amon e Horus in Egitto.  Esotericamente indica anche il principio attivo e creativo associato al maschile e nei mandala compare spesso come simbolo del padre, indica uno sviluppo dell'autonomia  della personalità e una visione serena, positiva ed equilibrata  e in piena armonia con la vita.

# Il simbolismo del colore verde

*Frequenza 526 - 606 THz - Lunghezza d'onda 495 - 570 nm*

Il colore verde, complementare del rosso, si colloca nel centro dello spettro luminoso e ha una funzione di equilibrio tra i colori caldi e quelli freddi. La luce verde infonde armonia e comprensione, ha altri significati in base alla gradazione: prosperità, successo, solidarietà, adattabilità. Il verde ha da sempre affinità con la natura e la sua luce è legata al rinnovamento, ma anche alla stabilità, alla giovinezza, allo sviluppo, alla speranza, alla fertilità. Il verde ha proprietà antisettiche, disintossicanti, di riequilibrio delle energie, il suo effetto calmante del sistema nervoso è evidente nel bisogno insito nelle persone di immergersi nella natura per avere sensazioni uniche di pace e di equilibrio. Il colore verde corrisponde al quarto chakra, il Cuore. Esotericamente parlando nell'Apocalisse (4:3), l'Eterno si presenta al centro di un arcobaleno verde, per i cristiani il verde è simbolo della rigenerazione totale della coscienza, la carità e la speranza. Nel Vangelo di Giovanni (3:3), si legge che Cristo indica la via per il Regno di Dio e cioè, che l'uomo deve nascere di nuovo, il fatto di nascere o rinascere, indica proprio la rigenerazione e come abbiamo detto il colore è proprio il verde, che si rifà alla Natura, di primavera, agli alberi, alla vegetazione, a il verde dei campi. E' il verde il colore simbolo della buona dottrina cristiana. Il verde ha anche un doppio significato: la degradazione morale e la follia. Su una vetrata della cattedrale di Chartres è rappresentata la tentazione di Gesù dove Satana ha la pelle e gli occhi verdi. Gli occhi nella simbologia esoterica, hanno il significato di intelligenza, luce intellettuale, quindi l'uomo può orientare lo sguardo verso il bene o verso il male. Nella mitologia sia Satana che Minerva furono ritratti con gli occhi verdi, ma uno rappresentava la follia e l'altra la Saggezza.

♀

# Il simbolismo del colore blu

*Frequenza 606 - 631 THz - Lunghezza d'onda 476 - 495 nm*

In cromoterapia è considerato il colore della calma, della meditazione, della serenità, della pace, essendo il colore del cielo, è considerato un colore trascendentale, spirituale, oltre che un colore di protezione. Il blu rappresenta la verità, l'intelletto e polarizza l'attenzione verso l'interno a differenza dei colori caldi, esso è collegato all'ipofisi che governa tutto il sistema endocrino, ottimo per tutti i problemi che sviluppano calore e dolore. Il blu dona una sensazione di spensieratezza e di empatia con gli altri, quello più tendente al verde richiama situazioni di autodeterminazione, mentre quello scuro di meditazione o malinconia. Questo colore ha un effetto pacificatore del sistema nervoso, della pressione arteriosa, del battito cardiaco in quanto determina rallentamento ed espansione, è molto utile nei casi in cui il corpo debba rigenerarsi dopo una fatica o una malattia. Il blu è il colore  complementare dell'arancione, ha una azione analgesica, antisettica, antinfiammatoria agendo a livello del sistema immunitario e sul sistema linfatico, è un ottimo strumento anche a livello osteoarticolare, specialmente se associato al rosso.  Il colore blu è legato al quinto chakra della gola, Vishuddha. Nelle cosmogonie la saggezza di Dio creatore è di colore blu. Il Messia nella pittura medioevale, veniva raffigurato con vesti di colore blu, ad indicare i tre anni del suo mistero di predicazione della verità e della saggezza.  Con le vesti azzurre quando si fa Maestro per gli uomini, insegnando loro la verità della vita eterna e vestito di nero, quando lotta con la tentazione di Satana.

# Il simbolismo del colore indaco

*Frequenza 631 - 668 THz - Lunghezza d'onda 450 - 475 nm*

Dal latino indicum, a sua volta dal greco ινδικόν (indikón), letteralmente "proveniente dall'India", "indiano". L'indaco era un colorante ricavato dalle foglie delle piante del genere Nerium. Si posiziona subito dopo il blu nello spettro dei colori, non appartiene ai colori primari e neanche ai colori secondari, ma ha proprietà molto significative ed è comunque uno dei sette colori dello spettro, appunto tra il blu e il viola. E' un grande purificatore del sangue e agisce principalmente sulla mente. Le sue caratteristiche sono simili a quelle del blu, ma con un effetto più profondo, vista anche la sua gradazione e la sua frequenza maggiore, è il colore legato alla visione meditativa, presiede alla funzioni più elevate del pensiero e corrisponde al terzo occhio. Ha la capacità di equilibrare i nostri organi di senso per renderli più sensibili, in generale ha un effetto calmante e anestetico specialmente a livello delle vie respiratorie, nasali e degli occhi. Questo suo potere anestetico è dovuto alla sua virtù di riuscire a portare la coscienza ad un livello superiore. Presiede il sesto chakra frontale, Ajna. Il colore Indaco rappresenta il punto dove ogni individuo sviluppa l'esperienza relativa alle proprie convinzioni, alla naturale capacità di ascolto interiore, di vedere e sentire le energie sottili e con esse entrarne in relazione.

∞

# Il simbolismo del colore viola

*Frequenza 668 - 789 THz - Lunghezza d'onda 380 - 450 nm*

Sullo spettro è situato vicino alle gradazioni ultraviolette, il viola è complementare del giallo, è il colore con la frequenza più alta e la penetrazione maggiore e per questo motivo è da sempre considerato il colore dello spirito, stimolante delle energie sottili, dell'inconscio, della creatività e dell'intuizione.    E' indicato per la mancanza di sonno, calma gli stati nervosi e irritabili.    Il viola rappresenta il colore del sistema nervoso superiore e del cervello destro sede dell'intuito, della sintesi e della percezione.    Molto utile in caso di infiammazioni quali nevrosi, irritazioni dei nervi e per i disturbi della circolazione linfatica in ristagno, in  special modo per la milza, reni e vescica, viene anche utilizzato per problemi al cuoio capelluto e nella sciatica.    E' il colore del settimo chakra la corona, Sahasrara, che fa capo alla ghiandola pineale.    Il viola nasce dalla fusione del blu e del rosso e rientra tra i colori intermedi, pertanto il significato del viola deriva da quello dei suoi colori primari. Il rosso è simbolo di energia e forza mentre il blu rappresenta la calma, si intuisce come il viola nasca da due colori opposti.    Quando sogniamo questo colore, indica la necessità di affetto o anche l'attrazione verso il mistero e la magia, per questo motivo il viola è associato alla transazione e alla trasformazione.    Il viola nella simbolica antica indicò le nozze mistiche fra Cristo e la Chiesa, il Salvatore nel piano salvifico dovette unire con la passione la sua natura umana alla Divinità.    Questo divino sacrificio simbolizzato dal viola è ciò che l'uomo deve compiere su questa terra, le nozze Celesti si cominciano qui.    Dopo la sua glorificazione, Gesù fu spogliato dei suoi abiti viola.    Non vi sarà un altro matrimonio, cioè una nuova unione fra l'uomo e Dio.

# Il simbolismo del colore bianco

*somma di tutte le frequenze e lunghezze d'onda*

Il colore Bianco è l'unico colore che comprende tutti quelli dello spettro luminoso. Evoca la purezza, la verginità e spiritualità, la luce lunare, ma la simbologia esoterica primaria è quella della luce come elemento fondamentale dei miti della creazione. In tutte le religioni il bianco è il simbolo della divinità, anche il cristianesimo associa la luce alla realtà spirituale, dice Gesù "Io sono la luce del mondo, chi mi segue non cammina nelle tenebre, ma avrà la luce della vita" (Gv 8,12), nella Bibbia e nelle diverse tradizioni religiose (India, Cina, Giappone, Persia, ecc.) è il simbolo della verità assoluta di Colui che è. Salomone ha scritto nel Libro della Sapienza (7,25), che: *La Saggezza è l'emanazione radiante dell'onnipotenza divina, la purezza della luce eterna, lo specchio senza macchia delle operazioni di Dio e quindi l'immagine della sua bontà.* Gli antichi attribuirono a Giove, padre degli Dei e degli uomini il colore bianco. Nella trasfigurazione sul Monte Tabor il viso di Gesù era brillante come il Sole ed i suoi vestiti bianchi come la neve (Matteo 17:2). E' il colore tipico della stagione estiva ma lo è anche di quella invernale, è il colore che più di tutti rappresenta il silenzio e il freddo. Il colore bianco in cromoterapia viene utilizzato per stimolare le cellule e le ghiandole endocrine del corpo, ma anche per aiutare a sintetizzare vitamina D. Molti cromoterapeuti lo usano per quelle persone che soffrono di carenze vitaminiche, inappetenza, ansia, fragilità psichica, dona energia a tutto l'organismo. In Alchimia, rispecchia la seconda fase della Grande Opera, l'Albedo, sbiancamento o leucosi, associato all'elemento acqua, l'argento, la distillazione, la calcinazione, la purificazione, l'alba, la Luna, il femminile, il simbolo del cigno.

# Il simbolismo del colore nero

*radiazione del corpo nero - spettro di corpo nero*

In Occidente il nero è spesso considerato negativo, come il colore del lutto e della magia nociva. Il colore nero assorbe tutti gli altri colori, dunque costituisce una barriera contro ogni tipo di vibrazione, in questo senso può offrire una protezione contro le energie negative, ma impedisce anche il contato delle energie positive. In Oriente, per esempio è il colore del controllo da parte dello spirito, della nascita vera, del più alto grado di coscienza. Il nero è soprattutto un colore benefico che protegge e stimola le metamorfosi. Lo scarabeo Khépri è del più bel nero, come pure i lupi psicopompi come Inpu, Upuau. E' associato all'idea di fertilità, il limo, Usir, Min, è il colore del mondo delle profondità, del suolo primordiale da dove tutto proviene e tutto ritornerà (uovo cosmico). Il colore Nero è necessario a tutti gli altri colori per avere profondità e nelle variazioni di tonalità, è una caratteristica forte e rappresenta formalità, la dignità, la forza, le convenzioni, la stabilità e la tolleranza zero. Il Colore nero è connesso con i pianeti Saturno e Plutone, con i segni zodiacali del Capricorno e dello Scorpione. Serve per promuovere la stabilità e la protezione, le difficoltà di guarigione, ed il suo Mantra è "Io sono senza fine". Nella tradizione simbolica quindi l'idea delle tenebre non ha ancora significato negativo, perché corrisponde al caos primigenio dal quale può nascere ogni cosa, esso è infatti associato all'invisibile e all'inconoscibile, quindi anche alla divinità creatrice originale, o la scintilla iniziale da cui tutto si è palesato. In Alchimia il nero rappresenta la prima fase, la nigredo, annerimento o melanosi associato all'elemento terra e in linea generale al piombo, la putrefazione, la decomposizione, la separazione, vitriol, il caos primordiale, la notte, Saturno, il simbolo del corvo, l'inverno.

# Il suono

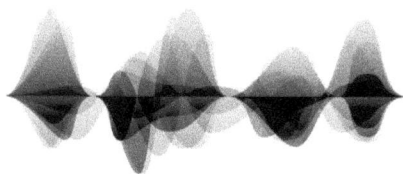

"*In principio erat Verbum*", in principio fu la parola, in realtà il Logos, la volontà espressa, la vibrazione di fondo. Il suono non può essere considerato solo dal punto di vista fisico, acustico, ma deve essere visto nell'accezione della rappresentazione materiale della vibrazione. Una delle due rappresentazioni, in realtà, visto che l'altra sua faccia, ovvero la luce, ne rappresenta un altro aspetto fondamentale. Dal punto di vista esoterico quindi il suono è qualcosa che va oltre la materia, che non è limitato dal concetto fisico di mezzo, pur rimanendo la vibrazione alla base della sua essenza. Un parallelo che potrebbe essere spiegato con l'esempio della modulazione di frequenza nel campo delle onde radio, ovvero di un segnale portante, il suono appunto, che viene modulato da una vibrazione di ordine superiore per trasmettere qualcosa che non è ristretto alla frequenza di base, ma la cui ricchezza di informazioni e contenuti è infinitamente maggiore di quella espressa dal punto di vista fisico. Il suono acquisisce quindi una valenza "*magica*", dove per magia si intende l'applicazione di leggi sconosciute. Così in Oriente è il Mantra, in Medio Oriente e in Africa il tamburo e l'invocazione, in Occidente la formula magica, in Australia il didgeridoo, in Cina e Mongolia il canto armonico. Comunque sempre parliamo di suono come vettore di vibrazioni più sottili di quelle acustiche. Una portante di grande potenza che permetta la trasmissione e la modulazione di informazioni ben più raffinate di quelle udibili dalle orecchie materiali ma non meno potenti e pregnanti, anzi. Il suono consente, di fatto, la veicolazione di energie sottili nel campo della materia. Nasce così la possibilità di influire sui campi energetici, di curare, trasmettere principi che hanno le loro radici profonde nel nostro interiore. La Natura è fonte di innumerevoli forme di suono che portano il loro messaggio all'attenzione dell'individuo. Suoni che divengono musicali nel soffio prolungato e melodico del vento o nel ritmo del battito del cuore.    Suoni che sono in grado di sollecitare il profondo della psiche di ogni individuo producendo una varia gamma di sensazioni emotive, di intuizioni poetiche e di visioni oniriche.    Gli antichi druidi nella loro cosmologia ritennero che l'universo era costituito da una vibrazione cosmica nata da un suono primordiale, generato da una Causa Prima. Un ente posto al di là della possibile immaginazione umana, che rappresentava un Mistero esaustivo a se stesso, immanente a tutto l'esistente.    L'intero universo e ogni forma di vita non erano altro che l'effetto del Suono primordiale che si esprimeva nella sua vibrazione cosmica.    Il Suono primordiale manteneva il timbro musicale nella sua vibrazione, inafferrabile rispetto alla capacità percettiva ordinaria dell'individuo, ma in grado di edificare i mondi e l'uomo stesso.    Se abbiamo ben compreso quello che abbiamo letto fino a qui, sicuramente non ci è sfuggito il rapporto molto stretto che esiste tra la Geometria Sacra, il Colore e il Suono.    Quello che appare come separazione di compiti ben precisi, in realtà è la risultante dell'applicazione di Energie Vibrazionali, di Frequenze in grado di creare anche la materia, risonanze, strutture armoniche, la diversa energia propagata dal Logos che assume un colore che vibra nello spazio dell'Etere, tutto questo e molto altro, lo si può riassumere con il pensiero, la volontà e la parola dell'Essere degli Esseri "*Sia la luce!*" e tutto ebbe inizio.    Il Divino Verbo iniziò la sua divina armonia con il misterioso accordo di bianca luce, tre sfere di luce furono emanate, tre note fondamentali: la prima di luce rossa, la seconda di luce verde, la terza di luce azzurra.    La bianca luce si dispiegò nei sette colori, e le sette note risuonarono nei sette mondi e formarono l'ottava, la scala cosmica che da Dio discende sino agli uomini.

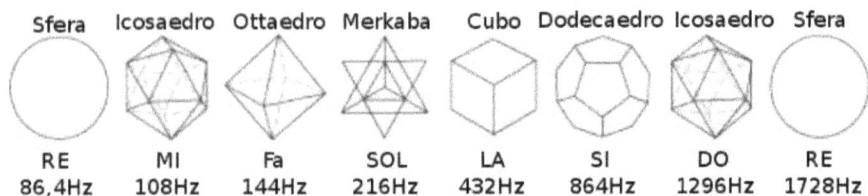

| Sfera | Icosaedro | Ottaedro | Merkaba | Cubo | Dodecaedro | Icosaedro | Sfera |
|---|---|---|---|---|---|---|---|
| RE | MI | Fa | SOL | LA | SI | DO | RE |
| 86,4Hz | 108Hz | 144Hz | 216Hz | 432Hz | 864Hz | 1296Hz | 1728Hz |

# DIO UNO - KETHER
## Luce Bianca Assoluta
### La sintesi dei colori

## E TRINO - LE TRE SUPERNE
### Luce Rossa   Luce Verde   Luce Azzurra
#### I tre colori fondamentali
Do              Fa              La
#### L'accordo sacro

## I SETTE SPIRITI DI DIO - LE SETTE DI COSTRUZIONE

Il mondo creato l'ottava cosmica discendente e i sette mondi
1 - MONDO DI DIO   Nota: DO = Dio   Colore: Rosso
Primo intervallo cosmico: ripieno della Volontà di Dio

2 – MONDO DEGLI SPIRITI VERGINI   Nota: Si = Eternità   Colore:
Violetto   Secondo intervallo cosmico: Fede

3 – MONDO DELLO SPIRITO DIVINO   Nota: La = Giustizia
Colore: Indaco   Terzo intervallo cosmico: Speranza

4 – MONDO DELLO SPIRITO VITALE   Nota: Sol = Saggezza
Colore: Blu   Quarto intervallo cosmico: Carità

5 - MONDO DEL PENSIERO   Nota: Fa = Santità   Colore: Verde
Quinto intervallo cosmico: Gnosi

6 – MONDO EMOZIONALE   Nota: Mi = Armonia
Colore: Giallo   Sesto intervallo cosmico: Pietà

7 – MONDO FISICO-ETERICO   Nota: Re = Libertà
Colore: Arancione   Settimo intervallo cosmico: Fortezza

| Rosso | Arancio | Giallo | Verde | Blu | Indaco | Viola |
|-------|---------|--------|-------|-----|--------|-------|
| DO | RE | MI | FA | SOL | LA | SI |

Le sette note che compongono la scala musicale naturale hanno la
loro corrispondenza nell'uomo e nell'Universo visibile e invisibile.
Il numero sette è il numero sacro per eccellenza, il suo valore
simbolico indica un ciclo dinamico completo.   Tra la psiche
dell'uomo e le forze che animano il Cosmo vi è interdipendenza, e

secondo le leggi della metacustica, esiste una risonanza antropo-cosmica.

1- DO = Rosso. Vita. Dio, la Volontà Creatrice, lo Spirito Santo. Il Fuoco che purifica, l'Amore Divino. Il sangue di Cristo. Il Sacrificio. La Guerra Santa. Corrisponde al centro psichico basale.

2 - RE = Arancione. Libertà. Rivelazione dell'Amore Divino. Dinamismo, volontà, forza, vitalità, gagliardia, fierezza. Corrisponde al centro psichico sessuale.

3 - MI = Giallo. Armonia. La Rivelazione Divina. Il Sole e l'Oro. La forza dell'Io. Corrisponde al centro psichico ombelicale.

4 - FA = Verde. Santità. Il Santo Graal. La Rigenerazione totale della coscienza. La Rinascita spirituale. Dominio delle passioni. Il centro segreto della luce. Corrisponde al centro psichico cardiaco.

5 - SOL = Azzurro Blu. Saggezza. Corrisponde al centro psichico della gola.

6 - LA = Indaco. Giustizia. Verità assoluta. Corrisponde al centro psichico frontale.

7- SI = Violetto. Eternità. Resurrezione eterna. Unione e identità tra il Padre e il Figlio. Sofferenza, martirio per lo spogliamento della natura umana. Distruzione di tutte le forme. Corrisponde al centro psichico Coronale.

Secondo i canoni esoterici, anche gli accordi costituiti dalle note hanno un ben preciso significato, gli accordi musicali creano le armonie ed hanno un carattere preciso. Gli accordi sono composti da una successione verticale di note armoniche che risuonano all'unisono.

DO-MI-SOL - L'accordo perfetto, come la vita genera e produce. Segna un inizio. Nella costituzione esoterica dell'uomo questo accordo di Do, Mi e Sol corrisponde perfettamente ai centri energetici Basale, Cardiaco e Coronale.

DO-FA-LA - Sacro, religioso, profondo.

SOL-SI-RE - Guerriero, la lotta per conseguire la vittoria.

SOL-SI-RE-FA - Ritorno al Divino dopo la lotta, conseguimento della santità dopo l'ascesi.

SOL-DO - Coraggio, forza, fierezza, guerra, vittoria, trionfo.

Tonica + SI = Sentimento.

*«La musica basata su Do = 128 Hz (nota Do in concerto La = 432 Hz) aiuterà l'umanità nel suo percorso verso la libertà spirituale. L'orecchio interno dell'essere umano è costruito sul Do a 128 Hz»* Rudolph Steiner

Tutte le popolazioni antiche, in tutte le epoche riconoscevano nel suono una potente modalità di guarigione. Molti medici e studiosi asseriscono che il motivo per cui una parte del corpo si ammala è perché la relativa frequenza si è alterata e il corpo vibra in modo disarmonico. La musica a 432 Hz, essendo in armonia con i processi biochimici del nostro corpo, sostiene e attiva il processo di guarigione. La frequenza 432 Hz è alla base di tutta la creazione. Gli Egiziani, ed altre civiltà antiche avevano creato strumenti musicali molto avanzati, accordati a tale frequenza. Nell'antica Grecia, Pitagora, insegnava ai suoi studenti come certi suoni e frequenze potessero produrre benefici sull'organismo umano. Platone, considerava tutto l'Universo come costituito da sequenze di suoni, fondamentali per la vita. La fisica quantistica ci dice da tempo che siamo fatti di frequenza, quindi è ragionevole pensare che le frequenze a cui siamo esposti abbiano un'influenza importante su di noi. E' noto che il suono a 432 Hz è collegato al chakra del cuore, diversamente dalla frequenza 440Hz che influisce sul chakra della testa. La frequenza 440 Hz fu scelta dal regime nazista, per il fatto che alcuni scienziati del III Reicht si accorsero che questa frequenza rendeva i soldati più aggressivi e sulle persone in genere riscontrarono la facilità nell'influenzare le menti. In effetti l'accordatura a 440 Hz, limita il modo di pensare e di sentire delle persone, tenendole prigioniere di una certa realtà. La musica a 432 Hz invece, favorisce la sincronizzazione cerebrale, il rilassamento e l'intuito, stimola la produzione di serotonina e riduce gli sbalzi d'umore. Garantisce sollievo e benessere a tutto il corpo ed è assolutamente rigenerante. Questa frequenza è anche utilizzata per rilassamenti yoga, pratiche spirituali, è dunque lecito pensare che possa avere una buona influenza sullo sviluppo spirituale dell'ascoltatore.

# Le frequenze delle note musicali con il La a 432 Hz

Do  256,8341 Hz    Re  288,2865 Hz    Mi  323,5907 Hz
Fa  342,8324 Hz    Sol  384,8164 Hz    La  431,9418 Hz
Si  484,8383 Hz

In conclusione, posso affermare che esistono diverse frequenze che portano benefici al nostro corpo fisico, visto che come dice la quantistica e non solo, il nostro Essere Olistico entra in risonanza con determinate frequenze sia positive che negative. Se oggi la medicina tradizionale occidentale cerca la cura nell'asportazione della disarmonia, quello che lo studio delle frequenze, ma anche tante discipline antiche e non, come lo sciamanesimo, il Nada Yoga, la musicoterapia, la biopsicofonica e la cimatica, intendono fare è piuttosto la correzione dell'errore di armonizzazione, in modo da riportare l'organismo allo stato di equilibrio precedente. Le frequenze sonore riarmonizzanti sono:

La frequenza **528 Hz** è una di quelle di cui si parla più spesso, perché considerata "purificatrice del dna" tanto da essere denominata la *"frequenza miracolo"*. La terza nota, il Mi (Mīra gestōrum), sarebbe infatti la frequenza esatta che secondo i biochimici genetici, essa bilancia, rigenera e armonizza il DNA. Questa elimina i disturbi della struttura cristallina delle molecole d'acqua nel liquido cellulare, restituendo al DNA la sua struttura originale e favorendo una maggiore quantità di energia vitale.

La meditazione effettuata utilizzando la frequenza **396 Hz** è considerata utile per superare ansie e sensi di colpa. Associate infatti, a una corretta respirazione, frasi da ripetere e alle giuste tecniche di meditazione, questo tipo di frequenza libera la mente dalle paure e dalle ansie che la bloccano consentendo un rilassamento completo e un senso diffuso di libertà e benessere.

La frequenza **417 Hz** è utilizzata per cambiare o correggere delle situazioni negative. Il suo ascolto viene infatti consigliato quando si desidera risolvere una situazione in cui siano state prese delle decisioni sbagliate. Risulta utile anche per sciogliere blocchi creativi o per risvegliare potenzialità umane latenti.

La meditazione a **639 Hz** viene considerata in grado di favorire l'apertura e la connessione nei rapporti umani. Questa è utilizzata per trattare problemi di relazioni familiari, tra partner, amici o per problemi sociali. Incoraggia le cellule a comunicare con l'ambiente circostante, creando relazioni armoniose di comprensione, tolleranza e amore.

La frequenza **852 Hz**, è associata all'amore incondizionato e introduce ad alti livelli vibrazionali. Per questo motivo, tale tono sarebbe in grado di sensibilizzare e aprire le persone alle esperienze spirituali.

La Ghiandola Pineale o epifisi, è una ghiandola endocrina delle dimensioni di una nocciola che sporge all'estremità posteriore del terzo ventricolo. Appartiene all'epitalamo ed è collegata mediante fasci nervosi alle circostanti parti nervose. Le cellule di questa ghiandola, i pinealociti, producono la melatonina, ossia l'ormone che regola il ritmo circadiano sonno-veglia. La frequenza **936 Hz** è considerata in grado di riattivare la ghiandola pineale e di conseguenza di favorire il riposo, il rilassamento e l'umore e non solo.

## I cristalli

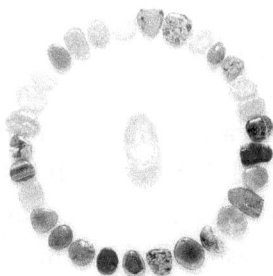

Il Quarzo, è il re della famiglia cristallina, secondo i geologi, nasce proprio nel momento del big bang, ovvero in quel momento di esplosione in cui il Suono Sacro Om dà il via alla Creazione. Sarà per questo che l'essere umano riconosce istintivamente la sua bellezza naturale e autentica, che testimonia la presenza della Luce in Terra. Il quarzo, che viene al mondo prima dell'uomo, lo guida e gli dona amorevolmente e silenziosamente i suoi Insegnamenti, che emanano dalla sua perfetta e assolutamente armoniosa struttura atomica.    Per chiarezza, quando si parla di quarzi si intendono il quarzo ialino, fumè, citrino, rutilato, quando si parla di pietre e cristalli, si intendono tutte quelle coi colori dell'arcobaleno, tra le più famose, il rubino, lo zaffiro, i lapislazzuli, la giada, il granato, il topazio, ecc... Le pietre e i cristalli, sono state usate fin dai tempi dei tempi come talismani e amuleti, oggetti propiziatori, abbellimenti per la realizzazione di preziosi gioielli, scrigni di potere e forza per re, imperatori e uomini di potere. Persino il Santo Graal, ancora così vivo nel nostro cuore,  pare che  la coppa fosse ricavata dallo Smeraldo.    Le pratiche mediche di molte culture antiche, assai diverse dall'attuale medicina allopatica, erano orientate verso una visione olistica e facevano indossare al collo amuleti e talismani, a scopo curativo, a seconda del tipo di disturbo, venivano quindi portate pietre particolari per sortire l'effetto desiderato.    Quando parliamo di cristalli non possiamo non parlare dell'età Lemuriana, quel tempo in cui la Terra, molto prima dell'arrivo degli esseri umani, era abitata da Antichi Saggi venuti sul nostro splendido pianeta per piantare i Semi di Amore, che sarebbero germogliati una volta che il cuore degli umani sarebbe stato pronto.    L'amore e la semplicità dei Lemuriani, unita all'altissimo livello di evoluzione spirituale e di coscienza, che li rendeva capaci di vivere in totale armonia col creato, è rimasta registrata proprio nei cristalli, al fine di riportare noi umani a casa, nella casa del Cuore. I cristalli con le loro geometrie sacre, insegnano a coloro che sanno ascoltarle le verità universali, cosmiche, quelle leggi che regolano la Vita, che nella sua essenza è Pura Intelligenza e Infinito Amore.    Le pietre dai mille colori, poi, ci permettono di integrare tali Insegnamenti nella nostra realtà terrena, umana, nella nostra vita qui sul Pianeta Terra, nel nostro corpo fisico e nei nostri corpi sottili.    Pietre e cristalli possono essere usati in moltissimi modi diversi, ad esempio, nella meditazione, per sviluppare l'intuizione e apprendere dai sensi superiori, si possono mettere sotto il cuscino durante il sonno, affinché ispirino sogni elevati e profetici, possono venire impiegati in pratiche terapeutiche per stabilizzare emozioni, calmare menti agitate e aiutare a curare gli squilibri corporei.    Nelle sedute di Cristalloterapia possono essere utilizzate per fare delle vere e proprie indagini su di sé, nel proprio mondo interiore.    Posizionare i cristalli sul corpo e nell'aura, permette a tutti i nostri centri energetici di riequilibrarsi e alle memorie sepolte in noi di riattivarsi. Questo porta un graduale risveglio della consapevolezza, e grazie a questo diventa possibile ricontattare le cause di un disagio o di una malattia. Proprio questa riemersione delle memorie inconsce conduce poi ad un maggiore stato di illuminazione, e la nostra Anima alla guarigione. Nel momento in cui Sé Superiore e Sé inferiore ritornano a dialogare, abbiamo il superamento della malattia, il superamento di una prova, e quindi la guarigione. La conoscenza relativa all'uso dei cristalli è antichissima, fa parte da sempre della nostra saggezza. Noi stessi siamo fatti della stessa sostanza di cui sono fatti i cristalli, biossido di silicio, e portiamo in noi geometrie che all'origine sono sacre. In questa Età dell'Acquario, da poco iniziata, sicuramente i cristalli si riveleranno assai utili per la nostra evoluzione, per tornare a essere noi stessi degli esseri cristallini, capaci di vivere nell'Amore e nella Fratellanza. Insieme ai colori, al Suono, ad essi fortemente connessi, e alla Meditazione, i Cristalli saranno la Medicina del futuro dell'Uomo nuovo, e serviranno per il passaggio ascensionale dentro il quale stiamo già camminando. I Cristalli sono creature viventi, esseri unici come lo è ognuno di noi. I Cristalli con i loro colori hanno una geometria evidente e una occulta, nascosta, segreta. Essi sono pieni di minerali benefici per la salute e vibranti di colori. I cristalli ci invitano alla contemplazione, alla gioia, al silenzio. Hanno tantissimo da dirci, mostrarci, rivelarci, non facciamo quindi l'errore di schiacciare con la violenza della nostra mente il loro linguaggio segreto e affascinante. Il fatto che non si muovano e non parlino nessuna lingua udibile, non significa che non sentano. Platone asseriva che nel ciclo delle reincarnazioni, vi sono diversi gradi di consapevolezza insegnati dalle esperienze fatte sulla dimensione fisica. Il primo grado di consapevolezza è la staticità propria del Regno Minerale (pietre e cristalli), il secondo grado è la consapevolezza della staticità vitale e si esprime nel Regno Vegetale, il terzo grado la consapevolezza del movimento ed è propria del Regno Animale, il quarto grado è la consapevolezza Sapiens e quindi dell'intelligenza del Regno Umano ed infine il quinto grado è la consapevolezza Cristica. Questo per arrivare a dire che ogni Anima (Noi Stessi) ha dovuto fare l'esperienza di vita in questa dimensione, passando di Regno in

Regno, dal Minerale all'Umanità ed è quindi giusto e Sacro Santo portare rispetto a coloro che Vivono in questo tempo nei loro rispettivi Regni, tutto è vibrazione, tutto è Vita. Dovrei scrivere sul significato dei Cristalli, la loro applicazione e il beneficio sul nostro corpo olistico, ma ci sono veramente tante specie e tutte importanti, che lascio a voi scoprire le loro facoltà e magari scegliere quello più attinente alla vostra persona.   Io mi limiterò ad illustrarvi brevemente solo sette Cristalli che secondo me sono i più usati nel riordino energetico dei chakra.   Prima però volevo dirvi, che i Cristalli devono essere purificati, caricati e scaricati, proprio perché la loro carica vitale si scarica, o nella fase di protezione si caricano di energie negative.   Per purificarli e riattivarli quindi, si possono utilizzare metodi tradizionali come, esporli alla luce solare o lunare, lavaggio in acqua, con  il sale o seppellendoli nella terra, e diversi altri metodi.   Io uso la potenza energetica e la qualità di trasformare ciò che è negativo in positivo della Pentasfera, basta inserirli al centro e in brevissimo tempo i cristalli vengono purificati ed è possibile utilizzarli.

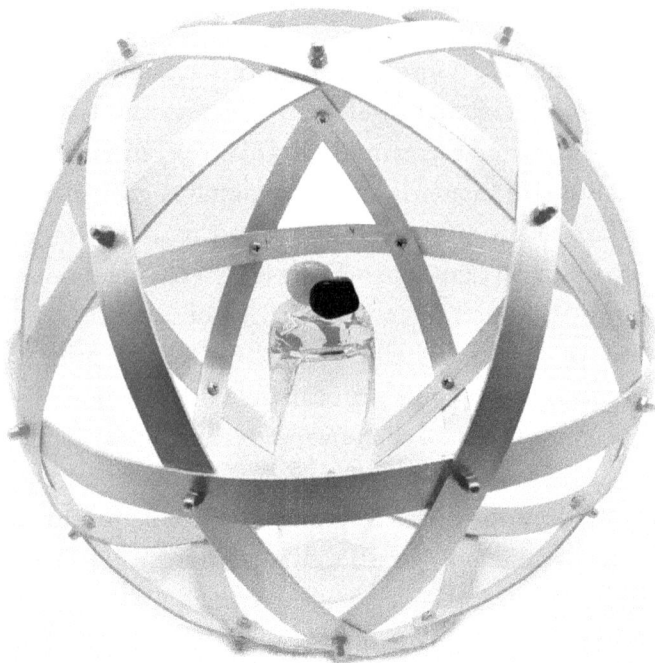

# Diaspro rosso

Potente pietra terapeutica, ottima per il primo chakra, ha una energia che riguarda prevalentemente il corpo fisico, ha un effetto stabilizzante e purificante sull'aura, lavora in maniera metodica, meticolosa e profonda, è più efficace se si usa per periodi lunghi di tempo. È una delle pietre per lavorare sui problemi di radicamento, fornisce chiarezza sulla strada che si vuole percorrere, sugli ideali e sulle scelte da compiere.    Accresce l'intuizione istintiva e l'apertura alla guida interiore, rende psichicamente più ricettivi, fornisce sicurezza nella meditazione e durante i viaggi astrali, è di aiuto per rivivere eventi passati attraverso la regressione o l'analisi. Gli egiziani sostenevano che il Diaspro Rosso fosse l'emblema del sangue della Dea Iside.    Aumenta la memoria e la creatività, utile agli artisti che lavorano con materiali solidi, come artigiani e scultori, protegge dalle energie dissonanti e allontana e protegge dalle persone che sottraggono energia vitale, è consigliabile indossarla in presenza di chi tende a sopraffarci, pietra adatta ai terapeuti e a tutti coloro che si dedicano, attraverso il proprio lavoro, a trasmettere forza ed energia per aiutare gli altri (pranoterapeuti, massaggiatori, agopuntori, mastri costruttori).    Le proprietà del Diaspro Rosso sono indicate per coloro che hanno difficoltà ad assimilare il ferro, ottimo purificatore del sistema sanguigno e tutti gli organi collegati alla purificazione del sangue, migliora la circolazione energetica nell'organismo e la qualità del sangue, intervenendo anche nell'ossigenazione. Il Diaspro, favorisce la formazione del sangue, se indossato all'altezza dell'ombelico aiuta, stomaco, bile e fegato, ha un'azione positiva anche su cistifellea, vescica, ovaie e utero. Le proprietà del Diaspro Rosso rafforzano l'organismo dopo lunghe malattie, hanno un'azione antipiretica, sostengono il sistema immunitario ed ottimo nell'estrarre inquinanti e tossine dal corpo.

Appoggia il cristallo sul simbolo radionico per purificarlo.

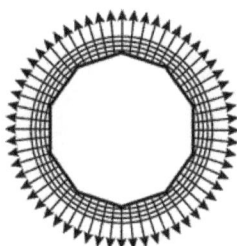

# Corniola

Le proprietà della Corniola lavorano in particolare sul secondo chakra, mettendoci in contatto con le emozioni, apportano felicità, gioia di vivere, sana sessualità, fa apprezzare i piaceri della vita, promuove la passionalità, l'erotismo, la sensualità e l'istinto di conservazione, favorendo la fantasia nel rapporto con il mondo circostante. Nella meditazione le proprietà della Corniola rafforza la concentrazione e facilita il radicamento e il collegamento con il Sé Superiore. Permette di raggiungere uno stato di maggiore armonia con la terra e con l'ambiente, incoraggia li contatto con gli spiriti della natura. Pietra Sacra a Iside, legata alla Madre Terra, lavora bene sul piano emozionale, ottima pietra con energia acqua/terra, dotata di intelligenza propria, aumenta la creatività, la fantasia, la socievolezza e la gioia e promuove il risveglio di talenti personali. Altamente protettiva, la Corniola aumenta la capacità del corpo eterico di mettersi in contatto con l'energia pranica, pulisce i nadi aumentando il flusso di energia verso i meridiani. La Corniola è un potente guaritore ed è una pietra molto evoluta a livello terapeutico, vitalizza il corpo fisico, emozionale e mentale, stimola i processi di rinnovamento sia a livello fisico che mentale favorendo il ricambio e la rigenerazione cellulare, fa apprezzare il valore della forza e della salute fisica. Tra le proprietà della Corniola, fortifica il corpo, accrescendo e stimolando il flusso di energia vitale e la sua espressione attraverso il dinamismo, apporta energia e calore all'organismo stanco e sovraffaticato, fornendo una sensazione di benessere. Consigliata alle persone che si stancano facilmente, in quanto rafforza la circolazione e l'ossigenazione sanguigna, favorendo l'elasticità dei vasi sanguigni. Dona sollievo alle gambe gonfie e previene le vene varicose, è da utilizzare con un massaggio lento dalle caviglie all'inguine, per pochi minuti e ci si accorge subito delle sue proprietà energetiche. Anche la Corniola stimola gli organi deputati all'eliminazione e alla depurazione delle tossine.

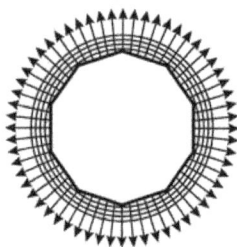

# Ambra

Posta sul plesso solare, terzo chakra l'Ambra favorisce la spontaneità, la sicurezza, l'estroversione, la voglia di vivere, espande e rende armonica, in particolare, l'energia dei primi tre chakra. Facilita l'entrata di energie elevate nella densità del mondo fisico. L'Ambra facilita la connessione con le energie dello Spirito, può essere usata per radicare le energie spirituali nel corpo fisico e riempirlo di luce. L'Ambra ha un potere risanante, calmante ed è un eccellente disintossicante psichico. L'Ambra purifica le energie, trasmutandole da negative in positive, le proprietà dell'Ambra armonizzano e stabilizzano il risveglio della kundalini. Grazie alle sue proprietà l'Ambra infonde luce nell'aura e favorisce il flusso energetico e formando al contempo una barriera protettiva. Ha proprietà antisettiche, utile contro le malattie infettive, le infezioni batteriche e virali, eccellente disintossicante. L'Ambra protegge dalle radiazioni prodotte da computer, televisori, in genere da tutti gli apparati elettronici. L'Ambra non emette una forte energia terapeutica, ma ha la proprietà di assorbire i disagi dal corpo fisico, può essere posta direttamente sulle zone doloranti. E' Indicata per pericarditi, infiammazione dei polmoni, problemi alla spina dorsale e ai suoi dischi, tendinite, infiammazione delle tonsille, rimuove le tensioni e i problemi legati allo stomaco, risolve i problemi della digestione e previene i disturbi del fegato.

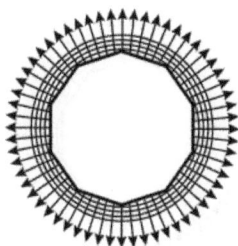

# Quarzo Rosa

Forse la pietra più importante del quarto chakra agisce su di esso purificandolo e lenendo qualsiasi tipo di sofferenza, violenza o trauma emozionale, aprendo nuovamente le porte all'amore, lenisce le ansie affettive. Il Quarzo Rosa aiuta a perdonarsi, a comprendere che tutti i cambiamenti sono importanti anche quelli difficili, ci spinge ad amare prima noi stessi, e poi gli altri, a non giudicarci, ad accettarci con i nostri limiti e a non avere paura di donare amore e di mostrarlo al mondo. Ripristina l'energia vitale e l'equilibrio spirituale, mantiene vivo il rapporto con il proprio Angelo custode e la comprensione verso la musica, l'arte, la bellezza e la creatività. Il Quarzo Rosa era usato anticamente per tutto ciò che è legato al cuore, a livello fisico ed emozionale, è la pietra del cuore per eccellenza, porta l'amore nella vita, esalta l'abilità di dare e ricevere amore, aiuta a confidarsi, è da sempre considerato simbolo dell'amore, della gioia, della pace, della serenità, della dolcezza, della tenerezza, della comprensione e della generosità. Dal punto di vista terapeutico il Quarzo Rosa migliora la funzionalità del sistema circolatorio, arterie e degli organi sessuali e in particolare il cuore, è indicato in caso di problemi neurovegetativi e problemi al sistema parasimpatico, attenua gli squilibri emozionali prevenendo le malattie psicosomatiche. Favorisce l'eliminazione delle impurità migliorando la funzionalità dei reni e purifica le ghiandole linfatiche.

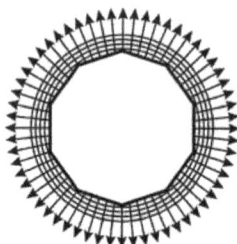

# Calcedonio Azzurro

Riequilibra il quinto chakra, nella variante Azzurro è ottimo per lavorare a contatto con la gola, è considerato infatti la pietra degli oratori. A livello fisico protegge tutta la zona della gola e perciò è utile per proteggerla dalle infiammazioni. Lo stesso effetto lo offre sull'apparato respiratorio, potete indossarla se per esempio soffrite di rinite allergica. Aiuta a mantenere bassa la temperatura del corpo e il senso di debolezza fisica generica. Controlla i liquidi del corpo, quindi combatte la ritenzione idrica e aiuta a sopportare meglio i cambiamenti fisici. Sicuramente può rivelarsi utile se per lavoro dovete parlare in pubblico, scrivere, recitare, ed altri aspetti della comunicazione verbale. Assorbe l'energia negativa, e si usa in meditazione per favorire il rilassamento, il pensiero positivo, inoltre ci aiuta a contattare i regni superiori. A livello emozionale il Calcedonio ci aiuta a riflettere su di noi stessi ma anche sulle situazioni che si stanno vivendo, cercando sempre di essere ottimisti. Il Calcedonio aiuta ad allontanare il senso di insicurezza e le costanti preoccupazioni per un futuro che esiste solo nella mente. Praticamente lo potete usare per tutte quelle emozioni eccessive, fuori controllo e rivolte a cose che ancora non si sono avverate, per esempio in caso di ansia, attacchi di panico o rabbia irrazionale.

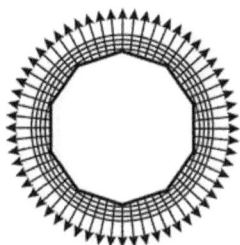

# Ametista

Durante il Medio Evo l'Ametista era più cara del Diamante ed era utilizzata dall'alto clero e dalla nobiltà, nell'anello dei cardinali, dei re, dei duchi come simbolo di potere assoluto.   L'Ametista riallinea il sesto chakra, è il raggio viola della trasformazione, del perdono e della rinascita, pietra della illuminazione, favorisce il risveglio spirituale e contribuisce a ristabilire la perduta unità cosmica e divina.   Pietra di protezione da ogni tipo di negatività e aggressione fisica, offre uno scudo di energie che permette di evitare gli effetti di ambienti duri o pericolosi e di persone sgradevoli, possiede una vibrazione così alta da aiutare a rafforzare l'aura.   E' una delle pietre più adatte alla preghiera e alla meditazione ci rende consapevoli della propria realtà spirituale e della saggezza interiore.   L'Ametista aiuta a sviluppare il "sesto senso", i poteri mentali e le proprie capacità psichiche.   Viene usata da coloro che praticano le attività psichiche e divinatorie, tenuta insieme ai tarocchi ne aumenta i poteri.   Favorisce la visualizzazione, il richiamo di vite passate, la comunicazione con le Guide e gli Angeli.  Di tutte le pietre sacre l'Ametista è quella che possiede un'auto coscienza più accentuata e una maggiore personalità.   Chi la porta con sé udirà con nitidezza la sua voce interiore, scoprirà un'amica sincera, una saggia consigliera, è la pietra della trasformazione, perché aiuta ad abbandonare le vecchie forme pensiero e le abitudini, per far posto al nuovo.   Le proprietà dell'Ametista sono d'aiuto nella liberazione da dipendenze di ogni tipo, dall'abuso di alcool, droga, cibo e comportamenti autodistruttivi o eccessiva auto indulgenza, aiuta a capire i motivi che portano all'alcolismo.   Purifica il sangue, bilancia l'equilibrio degli zuccheri nel sangue, stimola l'attività del pancreas, il metabolismo, il sistema endocrino e la produzione dei globuli rossi, rigenera i tessuti.   Grazie alle sue proprietà l'Ametista aiuta a guarire i gonfiori, l'artrite, le ossa, la tiroide, l'epilessia, problemi all'udito, edemi e l'orticaria, svolge un'ottima azione equilibrante sulle persone che soffrono di pressione alta o bassa.

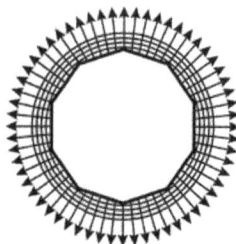

# Quarzo Ialino

Le proprietà del Quarzo Ialino o Cristallo di Rocca lo rendono un conduttore universale, riallineatore del settimo chakra, aumenta la vibrazione e connette con l'energia cosmica, favorisce il contatto col Sé Superiore. L'azione principale è quella di incanalare energia ad alta frequenza sul piano terrestre, riflette la pura Luce Bianca, viene utilizzata per illuminare i pensieri, i sentimenti e le azioni quotidiane. Favorisce le percezioni superiori dell'anima, attiva tutti i livelli di coscienza e le potenzialità paranormali, amplifica l'energia del pensiero positivo. Adatto a chiunque sia sulla via della ricerca spirituale e della conoscenza. Il cristallo Ialino è il Maestro, ideale per introdurre alla scoperta e conoscenza dell'affascinante mondo dei cristalli, amplifica gli effetti di altri cristalli, è usato per aumentare la forza della propria aura e per riparare eventuali buchi in essa, aiuta a formare una sorta di bolla eterica di protezione, assorbendo e trasmutando energie negative in positive, fa vibrare l'aura ad una frequenza tale da purificare ogni parte debole e oscura. E' un potente cristallo in grado di ricevere, attivare, immagazzinare, trasmettere e amplificare l'energia presente nell'universo, pertanto questa pietra può sostituire in caso di emergenza gli altri cristalli. Dal punto di vista terapeutico, il Quarzo Ialino infonde benessere fisico generale, è ricostituente e rilassante, ha proprietà disintossicanti, protegge dai campi magnetici, aumenta l'energia vitale, combatte la stanchezza cronica, costituisce una riserva di vitalità e resistenza, rallenta il processo di invecchiamento, è indicato in caso di stress. Stimola e armonizza le ghiandole, i polmoni, il cuore, il sistema nervoso, la circolazione linfatica, cura pelle, capelli, ossa, spina dorsale, lombaggini, infiammazioni all'anca, ernia del disco, regolarizza la temperatura corporea, viene usato anche per allergie, leucemia, dolori addominali, nausea, dissenteria, stitichezza, problemi di peso, gonfiori alle gambe, colpi di calore, vertigini, orticaria.

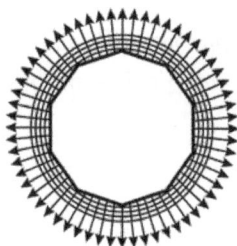

*Antahkarana, antico simbolo tibetano che coniuga cielo e terra e purifica le energie dissonanti dei cristalli.*

# I Chakra

Secondo il mistico e maestro Yogananda l'energia irradiata non proviene dal nostro corpo ma da una Fonte Cosmica ed entra nel nostro corpo tramite il nostro polo ricettivo negativo del sesto chakra Agya, situato nel midollo allungato nel punto in cui la spina dorsale si congiunge con la base del cervello. Il midollo allungato in pratica agisce come un'antenna per l'energia cosmica dell'AUM. In seguito viene immagazzinata nel settimo chakra Sahasrara che è la principale fonte di energia del nostro corpo astrale. Da qui il Prana fluisce verso il basso per essere distribuito dai cinque chakra inferiori alle diverse parti del corpo. I sette centri energetici principali sono chiamati chakra che significa "ruota" o "vortice" perché l'energia vitale Prana si irradia da essi verso l'esterno in senso centrifugo. Ogni chakra è quindi essenziale e necessario per la vita così come le sette note musicali di un'ottava sono necessarie per creare una bella sinfonia. Per creare armonia tutte le note devono essere accordate tra loro, e ogni nota svolge un ruolo importante e può essere suonata con talento nella sua piena purezza e bellezza oppure con scarso talento senza consentire a noi esseri umani di sperimentare ed esprimere gli aspetti più sublimi della divinità che è in noi. Per meglio comprendere i chakra dobbiamo comprendere il Cosmo e l'Uomo Cosmico. Secondo l'antica Sapienza, il nostro microcosmo è un riflesso perfetto del macrocosmo, "*Come in cielo, così in terra*" e i chakra sono una parte centrale di questa struttura. La scienza moderna sta sempre più confermando quello che i saggi vedici hanno proclamato già migliaia di anni fa. Ad esempio gli scienziati hanno dimostrato che l'Universo materiale è in realtà costituito da energia. La materia non è altro che energia solida che può essere riconvertita in energia. Attualmente i fisici quantistici hanno dimostrato che l'energia è governata dal pensiero e dalla coscienza. I chakra sono situati nel corpo astrale. Anche il corpo causale ha i suoi chakra fatti di pensieri, mentre il corpo fisico ha i corrispondenti plessi. Questi corpi comunicano tra loro attraverso i chakra grazie ad un intreccio di Prana e coscienza. Il legame finale è un nodo alla base della spina dorsale chiamato Kundalini o Fuoco Serpentino, che tiene legata la coscienza alla materia e solo sciogliendolo la nostra coscienza potrà ascendere alle sfere superiori. I sette chakra fanno parte del nostro sistema nervoso astrale che nelle Scritture vediche è chiamato albero Ashvattha o albero della vita, che ha le sue radici in alto perché la linfa Prana discende dal Cosmo e viene immagazzinata nel Sahasrara chakra (settimo chakra), da qui scende nella spina dorsale che è il tronco dell'albero con i relativi chakra e dai quali la linfa del Prana viene distribuita in tutto il corpo tramite i rami (nervi periferici) dando vitalità all'organismo e rendendo possibile l'attività sensoriale. Il corpo fisico emana in realtà dal più sottile corpo astrale e i suoi 72.000 nervi astrali si chiamano Nadi. La musica è capace di penetrare direttamente nei chakra donando loro nuova luce e potere risvegliando la loro vita interiore. La musica ci trasmette molto più dei semplici suoni, infatti i suoi ritmi, melodie e armonie toccano direttamente i chakra, risvegliando in essi specifici stati di coscienza. La musica può risvegliare l'intero spettro degli stati d'animo e dei sentimenti dei nostri chakra, buoni e cattivi, luminosi e oscuri, divini e mondani. La musica è più potente di quello che si pensa e anche per questo è bene sceglierla consapevolmente e con discernimento. I nostri chakra vibrano in risonanza con la musica e i suoni che hanno la loro stessa vibrazione. La musica può portare l'energia dei chakra in due direzioni, verso l'alto, esprimendo le loro qualità divine ed elevanti e verso il basso, esprimendo le qualità egoiche e mondane. Il termine Cakra, solitamente traslitterato in Chakra, proviene dal sanscrito e significa "ruota", ma ha molte accezioni tra le quali quella di "plesso" o vortice. È un termine utilizzato nella filosofia e nella fisiologia tradizionali indiane. Nella tradizione occidentale moderna tali chakra vengono talvolta identificati con il nome di Centri di Forza o Sensi Spirituali, che in medicina corrispondono alle ghiandole endocrine. I Chakra secondo la dottrina vedica dei Tantra, sono dei centri d'azione presenti nel corpo umano estremamente importanti perché accumulano, elaborano e trasmettono l'energia vitale universale, e cioè il *Prana*, o *Chi*, nell'individuo. I testi antichi parlano di 88.000 Chakra, praticamente ogni punto del corpo umano è in grado di captare modificare e distribuire l'energia. Tali centri si addensano soprattutto nella nuca, attorno alla milza, nel palmo delle mani e nella pianta dei piedi. Tuttavia si tratta di centri minuscoli che nell'intero quadro energetico hanno poca rilevanza. Sette invece sono i chakra principali, tutti disposti lungo l'asse cerebrospinale, o *Sushumna*, il canale fondamentale di energia. I primi sei sono all'interno del corpo, mentre il settimo si trova all'esterno, sulla sommità del capo. Secondo la tradizione tantrica, il corpo umano è attraversato da tre fondamentali canali d'energia, o *"Nadi"*, che si trovano lungo la colonna vertebrale: il già citato *Sushumna*, nell'asse cerebrospinale, che funge da elemento equilibrante tra le altre due *"arterie"* sottili: *Ida*, lunare, rinfrescante, calmante, assimila il *Prana* attraverso la narice sinistra, corrisponde al sistema nervoso parasimpatico. *Pingala*, solare, piena di calore, assimila il *Prana* attraverso la narice destra, corrispondente al sistema nervoso simpatico. Ogni singolo chakra si occupa di un particolare aspetto psichico, a cui è associata sul piano fisico una ghiandola ormonale. La terapia dei chakra si è rivelata utile nei casi resistenti a forme di cura dei meridiani come l'agopuntura, ma la loro manipolazione fine a se stessa, a scopi meramente evolutivi, senza una lunga e adeguata preparazione, può comportare stati repentini di autocoscienza che il corpo non è in grado di sostenere determinando gravi disfunzioni fisiche, anche letali, a cui la medicina tradizionale non può porre rimedio. Particolarmente pericoloso è il risveglio di *Kundalini* "Fuoco Serpentino", una forza incontrollabile che soltanto gli *Yogi* più esperti decidono di ridestare per lo più al termine della loro vita.

# Gli attributi dei Chakra

*Chakra 1*

*Muladhra - Muladhara*

Il primo chakra, detto anche della radice, attiene alla volontà di sopravvivenza e alla soddisfazione degli istinti primari, come il mangiare, il dormire, e l'aspetto meramente fisico della sessualità finalizzato alla riproduzione. Sul piano corporeo esso corrisponde ai surreni, la cui parte midollare secerne gli ormoni adrenalina e noradrenalina, mentre quella della corteccia gli ormoni cortisoidi. Essi garantiscono l'adattabilità nelle situazioni di pericolo e la capacità di adattamento a sforzi particolarmente intensi.

| | |
|---|---|
| frequenza | 396, 99, 297 261 Hz |
| collocazione | Bacino inferiore - Genitali - Gonadi |
| nota | Do |
| frequenza | 256,8341 Hz |
| colore | Rosso |
| frequenza | 400 - 484 THz |
| lung. onda | 620 - 750 nm |
| solido platonico | Esaedro |
| numero | 6 |
| mondo 1 | Mondo di Dio |
| qualità | Dio |
| intervallo cosmico | Volontà di Dio |
| cristallo | Diaspro Rosso |
| elemento | Terra |
| pianeti | Marte - Plutone - Saturno |
| zodiaco | Toro - Ariete - Scorpione - Capricorno |
| mantra | LAM |
| tipo di energia | Solida - Materiale - Kundalini |
| elemento sottile | Odore |
| Divinità maschile | Brahma |
| Divinità femminile | Dākinī |

## Chakra 2

*Svadhthana - Svadhisthana*

Il secondo chakra, detto sacrale o sessuale, è maggiormente in relazione con la sessualità e con la sua componente emotiva, ma anche con la creatività, il senso della bellezza, e l'autostima. Sul piano fisico corrisponde alle ghiandole germinali, che influenzano lo sviluppo dei caratteri sessuali.

| | |
|---|---|
| frequenza | 417, 104.25, 330, 293 Hz |
| collocazione | Addome - Vescica - Ghiandole s urrenali |
| nota | Re |
| frequenza | 288,2865 Hz |
| colore | Arancione |
| frequenza | 484 - 508 THz |
| lung. onda | 590 - 620 nm |
| solido platonico | Icosaedro |
| numero | 20 |
| mondo 2 | Mondo Fisico Eterico |
| qualità | Libertà |
| intervallo cosmico | Fortezza |
| cristallo | Corniola |
| elemento | Acqua |
| pianeti | Luna - Plutone - Venere |
| zodiaco | Cancro - Scorpione - Bilancia |
| mantra | VAM |
| tipo di energia | Liquida - Energia Vitale - CHI |
| elemento sottile | Sapore |
| Divinità maschile | Visnu |
| Divinità femminile | Rākinī |

## Chakra 3

### Manipura

Il terzo chakra, detto ombelicale, situato nella zona del plesso solare, attiene al desiderio di potere e alla volontà di manipolare il mondo per trovare il proprio posto nella società. Per la sua capacità di assimilare e riadattare quello che la vita propone, esso è collegato alle funzioni digestive e in particolare col pancreas, ghiandola esocrina che contiene anche delle cellule endocrine, responsabili della produzione di insulina e glucagone.

| | |
|---|---|
| frequenza | 528, 132, 363, 329 Hz |
| collocazione | Plesso Solare - Pancreas - Ombellico |
| nota | Mi |
| frequenza | 323,5907 Hz |
| colore | Giallo |
| frequenza | 508 - 526 THz |
| lung. onda | 570 - 590 nm |
| solido platonico | Tetraedro |
| numero | 3 |
| mondo 3 | Mondo Emozionale |
| qualità | Armonia |
| intervallo cosmico | Pietà |
| cristallo | Ambra |
| elemento | Fuoco |
| pianeti | Marte - Sole - Giove - Mercurio |
| zodiaco | Leone - Sagittario - Vergine |
| mantra | RAM |
| tipo di energia | Radiante - Mentale - Calore |
| elemento sottile | Forma |
| Divinità maschile | Rudra |
| Divinità femminile | Lākinī |

# Chakra 4

## Anahata

Il quarto chakra, detto del cuore, è associato all'Amore e alla capacità di amare incondizionatamente. Esso è leggermente spostato verso sinistra rispetto agli altri chakra situati lungo la verticale che va dal capo all'addome. La ghiandola a cui corrisponderebbe è il cuore, che può essere inteso in effetti come organo endocrino, responsabile della produzione dell'ormone atriale natriuretico (*atrial natriuretic factor ANF*). Secondo altre opinioni, il chakra del cuore corrisponderebbe alla ghiandola del timo, anche se questa non si trova propriamente in corrispondenza di esso e tende inoltre a perdere la sua influenza superata la pubertà.

| | |
|---|---|
| frequenza | 639, 159.75, 396, 349 Hz |
| collocazione | Cuore - Timo |
| nota | Fa |
| frequenza | 342,8324 Hz |
| colore | Verde |
| frequenza | 526 - 606 THz |
| lung. onda | 495 - 570 nm |
| solido platonico | Ottaedro |
| numero | 8 |
| mondo 4 | Mondo del Pensiero |
| qualità | Santità |
| intervallo cosmico | Gnosi |
| cristallo | Quarzo Rosa |
| elemento | Aria |
| pianeti | Venere - Sole - Saturno |
| zodiaco | Leone - Bilancia |
| mantra | YAM |
| tipo di energia | Gassosa - Aria - Astrale |
| elemento sottile | Tatto |
| Divinità maschile | Īśvara |
| Divinità femminile | Kākinī |

*Vishuddi - Visuddha*

Il quinto chakra, detto della gola, attiene alla capacità di comunicare e alle svariate forme di espressione come la musica, la danza, l'arte, e in generale col ritmo. Sul piano fisico corrisponde alla tiroide, che scandisce il tempo interno della crescita e del metabolismo.

| | |
|---|---|
| frequenza | 741, 185.25, 429, 392 Hz |
| collocazione | Gola - Tiroide - Laringe |
| nota | Sol |
| frequenza | 384,8164 Hz |
| colore | Blu |
| frequenza | 606 - 631 THz |
| lung. onda | 476 - 495 nm |
| solido platonico | Merkaba |
| numero | 999 |
| mondo 5 | Mondo dello Spirito Vitale |
| qualità | Saggezza |
| intervallo cosmico | Carità |
| cristallo | Calcedonio Azzurro |
| elemento | Etere |
| pianeti | Venere - Marte - Mercurio - Urano |
| zodiaco | Gemelli - Toro - Acquario |
| mantra | HAM |
| tipo di energia | Eterica - Etere |
| elemento sottile | Suono |
| Divinità maschile | Sadaśiva |
| Divinità femminile | Sākinī |

## Anja

Il sesto chakra, detto della fronte, riguarda la capacità di comprendere la realtà vibratoria sovrasensibile, ed è quindi in relazione con le facoltà di intuizione e di visione delle entità normalmente non percepibili. Ad esso è collegato in effetti anche il cosiddetto terzo occhio. A livello fisico corrisponde all'ipofisi, che esercita un'influenza su tutte le altre ghiandole endocrine.

| | |
|---|---|
| frequenza | 852, 213, 462, 440 Hz |
| collocazione | Fronte - Ghiandola Pituitaria - Ipofisi |
| nota | La |
| frequenza | 431,9418 Hz |
| colore | Indaco |
| frequenza | 631 - 668 THz |
| lung. onda | 450 - 475 nm |
| solido platonico | Dodecaedro |
| numero | 12 |
| mondo 6 | Mondo dello Spirito Divino |
| qualità | Giustizia |
| intervallo cosmico | Speranza |
| cristallo | Ametista |
| elemento | Mente |
| pianeti | Mercurio - Giove - Urano - Nettuno |
| zodiaco | Sagittario - Acquario - Pesci |
| mantra | KSHAM |
| tipo di energia | Celebrale - Luce - Plasma |
| elemento sottile | ... |
| Divinità maschile | Paramaśiva |
| Divinità femminile | Hākinī |

*Chakra 7*

*Sahasrara*

Il settimo chakra, detto della corona, è ritenuto la sede dell'illuminazione in cui l'Io individuale si congiunge con quello universale, determinando le esperienze mistiche di pace e beatitudine.   A livello corporeo è associato all'epifisi, la cosiddetta ghiandola pineale, la cui funzione, non ancora del tutto chiarita, sembra in relazione con la capacità di adattamento ai ritmi del giorno e della notte, e in generale con i processi di crescita e invecchiamento.

| | |
|---|---|
| frequenza | 963, 240, 495, 493 Hz |
| collocazione | Corona - Ghiandola Pineale |
| nota | Si |
| frequenza | 484,8383 hz |
| colore | Viola |
| frequenza | 668 - 789 THz |
| lung. onda | 380 - 450 nm |
| solido platonico | Dodecaedro |
| numero | 12 |
| mondo 7 | Mondo degli Spiriti Vergini |
| qualità | Eternità |
| intervallo cosmico | Fede |
| cristallo | Quarzo Ialino |
| elemento | Aria |
| pianeti | Nettuno - Saturno |
| zodiaco | Capricorno - Pesci |
| mantra | OM |
| tipo di energia | Eterica - Energia Spirituale - Essere |
| elemento sottile | ... |
| Divinità maschile | ... |
| Divinità femminile | ... |

Vorrei chiudere questa parte dedicata ai Chakra, con una favola per bambini, una di quelle, che ci leggevano prima di dormire. Sicuramente conoscete la favola di Biancaneve e i sette Nani... ebbene, se mi è concesso, vorrei illustrarvela da un altro punto di vista, più esoterico..

## Biancaneve e i sette Nani

Biancaneve è l'anima umana o Sé Superiore, ovvero il nostro Femminino Sacro interiore, ed è per questo che è bianca, candida come la neve. Infatti è formata da acqua e ghiaccio, elemento femminile, simbolo del femminino (*il simbolo esoterico dell'elemento acqua è un triangolo con la punta verso il basso, che rappresenta appunto l'utero e la vagina, apparato genitale femminile*). Biancaneve-Anima è la figlia del Re-Spirito-Padre, ma in questa vita è prigioniera della sua Matrigna-Ego-Natura-Materiale. Quest'ultima, infatti, chiederà in continuazione al suo Specchio (*legge dell'inversione dello specchio della tavola smeraldina di Thot o Ermete Trismegisto*) chi sia la più "*bella*" tra le due. La Matrigna desidera il Cuore di Biancaneve, organo legato all'Anima e al Femminino Sacro e alla Coscienza Cristica. Senza il Cuore, Biancaneve non potrà mai liberarsi dal suo stato di Prigionia (*in cui tutte le anime umane versano*). I sette Nani sono rappresentazioni dei sette Chakra, i centri energetici nel nostro corpo. E lavorano assiduamente nella miniera-caverna del corpo e dell'inconscio, dalla quale cercano di estrarre i Diamanti, ossia qualità e virtù. Essi "*trasmutano il piombo in oro, 666-999*" per la costruzione del famoso "*Corpo di Gloria*" della tradizione Cristiana o, per l'appunto, "*Corpo Diamantino o di Diamante*" della Tradizione Orientale. Biancaneve si ritrova nella foresta-inconscio, un luogo tenebroso, senza luce (*senza coscienza*). La casa dei sette Nani rappresenta il Corpo fisico, che è piccola, cioè è stretta per l'Anima-Biancaneve. Tuttavia i sette Nani lavoreranno affinché Biancaneve possa liberarsi della Strega-Matrigna-Ego, definitivamente. La Matrigna-Natura (*parte luciferica dell'essere umano*) donerà a Biancaneve la Mela, proprio come il Serpente-Beliar-Lilith la "*dona*" ad Adamo ed Eva nel libro della Genesi (*da cui il Peccato Originale*). Biancaneve assaggia la "*Mela*" dopo essersi lasciata convincere dal suo (*illusorio*) bell'aspetto e non appena la morde cade in uno stato di

Sonno, rappresenta lo stato attuale di Sonno-Caduta delle anime umane che, per risvegliarsi, devono per l'appunto lavorare *(con i sette Nani-chakras)*. Il Principe-Azzurro è lo Spirito *(azzurro è il colore del Cielo-Spirito)*, ed è il Maschile Sacro in noi. Biancaneve-Anima si ridesta dal suo sonno solo quando lo Spirito-Principe la *"bacerà"* *(l'unione delle due bocche, maschile e femminile, simboleggia appunto il Logos-Cristo-Verbo-Vibrazione che è Androgino)*. Ecco il Matrimonio Mistico o le famose Nozze alchemiche tra Spirito e Anima, tra il Maschile Sacro e il Femminino Sacro in noi, che una volta uniti porteranno alla nascita del Figlio-Cristo-Luce *(Coscienza Cristica)*, l'Androgino, il Vero Uomo, l'*Adam Kadmon*. La Grande Opera Alchemica è compiuta: *"Tutto è compiuto"*, come dice lo stesso Gesù Cristo.

# Lo Zodiaco

*"Se tu segui tua stella, non puoi fallire a glorioso porto..."*

Al momento della nascita, la *Pentasfera* assume il segno Zodiacale e il suo ascendente. Questo rito, intercetta il suo carattere e assume il ruolo di creatura. In effetti ciò che noi creiamo sul piano fisico, come abbiamo dimostrato nelle pagine precedenti, si crea anche nel piano eterico, nel piano della creazione vibrazionale e viceversa, dal piano vibrazionale si materializza sul piano fisico. Quindi ci assomiglia nella materia e in un certo senso nell'energia vibrazionale. Ecco perché è necessario connotarla con una sua esistenza zodiacale ed anche con il nome da lei comunicato. *"Senza il nome non si esiste"* (Qoelet 6,10). Ho sempre sostenuto sia la Pentasfera a sceglierci e noi entriamo in empatia con lei, grazie alle sue qualità caratteriali e all'energia che scaturisce al momento della sua nascita, ovvero un'impronta ben connotata nei piani spirituali, che in qualche maniera percepiamo necessaria per il nostro cammino di conoscenza interiore. A questo punto dobbiamo ben comprendere cos'è lo Zodiaco e a cosa serve nella nostra esistenza umana.

Il Sole, nel suo moto apparente intorno alla Terra, descrive sulla sfera celeste una circonferenza chiamata *"eclittica"*. Se si amplia questa circonferenza di 8 gradi e 39' di latitudine nord e 8 gradi e 30' di latitudine sud, si ottiene una fascia di 17 gradi di ampiezza, detta Fascia Zodiacale o Zodiaco, di cui l'eclittica costituisce la linea mediana. Lungo questa fascia si snodano dodici costellazioni che il Sole sembra attraversare nel corso di un anno e che sono anche percorse dai pianeti del sistema solare. Proiettato sul piano, lo Zodiaco assume la forma di un cerchio, suddiviso in dodici parti uguali di 30 gradi ciascuno, ogni settore contiene una costellazione. All'inizio le costellazioni erano dieci, nel IV sec. a.C. fu aggiunta la

Bilancia e nel I sec. a.C. lo Scorpione. Bisogna tenere presente che i segni occupano spazi uguali, mentre le costellazioni possono essere più ampie o più strette di 30 gradi. Lo Zodiaco è una astrazione matematica, non una realtà astronomica, fatta per eseguire certi calcoli. All'inizio segni e costellazioni coincidevano, oggi non più, a causa della precessione degli equinozi. La derivazione del nome è dal greco "*zodiacos kyklos*" che tradotto significa "cerchio delle costellazioni", normalmente, kyklos era sottinteso. D'altra parte, zodiakos deriva da zodion (figura, segno celeste) che, a sua volta è il diminutivo di zoon che corrisponde a "animale vivente". Zodiaco, quindi, è il cerchio degli animali viventi, o dei Viventi. Questa parola è usata con un doppio significato, può riferirsi allo Zodiaco fisso e intellettuale o allo Zodiaco mobile e naturale. La "luce zodiacale" è una figura triangolare, luminosa, che giace quasi nell'eclittica, con la sua base sull'orizzonte e l'apice su diverse altezze, può essere vista solo al mattino e al crepuscolo serale, è interamente sconosciuta alla scienza, in quanto l'origine, il vero significato e il senso occulto dello Zodiaco era, ed è ancora, un mistero per tutti, tranne che per gli Iniziati. Questi preservarono con cura i loro segreti. Fra il Caldeo che fissava le stelle e il moderno astrologo esiste un abisso enorme. Tuttavia, alcuni astrologi, da Tycho Brahe e il Keplero di astrologica memoria, fino ai moderni Zadkiel e Raphael, hanno contribuito a creare una scienza meravigliosa da simili scarsi materiali occulti, avuti da Tolomeo in poi. Lo Zodiaco mobile o naturale, è una successione di costellazioni che formano una zona di 47 gradi di ampiezza, che si stende a nord e a sud del piano dell'eclittica. La precessione degli equinozi è causata dal moto del sole attraverso lo spazio, che fa sembrare che le costellazioni si muovano in avanti contro l'ordine dei segni, al ritmo di 50',3" per anno. A questo ritmo, la costellazione del Toro, in Ebraico Aleph, era nel primo segno dello zodiaco all'inizio del Kali Yuga, e di conseguenza il punto dell'Equinozio cadde lì. A quel tempo, il Leone era nel solstizio d'inverno, lo Scorpione nell'Equinozio d'autunno e l'Acquario nel solstizio d'inverno: questi allineamenti formano la chiave astronomica per i misteri religiosi di tutto il mondo, compreso lo schema Cristiano. Lo Zodiaco era conosciuto in India e in Egitto da incalcolabili ere e la conoscenza dei saggi (i magi), riguardo l'influenza occulta delle stelle e dei corpi celesti sulla nostra terra, era molto più grande di quanto l'astronomia profana possa mai sperare di raggiungere. Se persino oggi che la maggior parte dei segreti degli Asuramaya e dei Zoroastriani è andata perduta, è ampiamente dimostrato come oroscopi e astrologia giudiziaria siano lontani dall'essere basati sull'invenzione e se uomini come Keplero e persino Isaac Newton credevano che stelle e costellazioni influenzassero il destino del nostro globo e della sua umanità, allora non richiede un grande sforzo di fede credere che gli uomini che furono iniziati in tutti i misteri della natura, come pure nell'astronomia e nella astrologia, sapevano con esattezza in quale modo nazioni e umanità, intere razze come pure individui, sarebbero stati influenzati dai cosiddetti "segni dello Zodiaco". Lo Zodiaco è certamente più vecchio dell'età che gli è stata assegnata circa (3700 a.C.), è citato nella Bibbia e lo si trova nella tradizione persiana all'Età dell'Oro. Si dice che lo Zodiaco sia stato inventato dagli antichi Egizi e a essi si riferiscono ben 630.000 anni di osservazioni astronomiche, ma gli 850.000 anni di registrazioni astronomiche degli Indù fanno pensare ad una sua origine diversa. Nella Bibbia ne parla Giacobbe morente con riferimento ai figli ed alle tribù e anche i dodici patriarchi vengono in qualche modo ricondotti ai segni dello Zodiaco. La spedizione degli Argonauti pare disponesse di qualcosa di simile, mentre si trovano tracce dei segni nelle più antiche teogonie. Gli antichi Indù, per esempio, determinato il moto diurno della Luna, costruirono uno Zodiaco di 27 costellazioni legate ai periodi lunari, con questo metodo determinarono la posizione delle stelle. Tracce antichissime di uno Zodiaco sono state trovate presso gli Indiani del Guatemala. I segni dello Zodiaco sono in gran parte derivati dai glifi dei sistemi filosofico-religiosi indù, il loro collegamento con la discesa e la risalita della Monade, lasciano pensare ad una misteriosa simpatia fra l'Anima metafisica e le brillanti costellazioni. I simboli rappresentati nei segni dello Zodiaco, infatti hanno per l'umanità un significato immensamente profondo. Lo Zodiaco di Dendera è un planisfero disegnato sul soffitto di uno dei più antichi templi egizi, circa 75.000 anni fa. Tutta l'antichità credeva che l'umanità e le sue razze fossero intimamente connesse con i pianeti e questi con i segni zodiacali. Uno Zodiaco simile a quello di Dendera si trova in un antico tempio dell'India settentrionale e la sua datazione è ancora più antica degli 87.000 anni. Questo copre tre anni siderali e mezzo, mentre l'altro ne copre di più. Lo Zodiaco di Dendera, in realtà, è la composizione di tre diversi zodiaci, poiché, a seguito dell'inversione dei poli terrestri, ad ogni inversione corrisponde un nuovo zodiaco. Ogni zodiaco copre una epoca diversa, si tratta delle ultime tre famiglie della quarta sotto razza della Quinta Razza Madre. La storia del mondo è scritta nelle stelle, ossia nello Zodiaco e nel Simbolismo universale, le cui chiavi sono in mano agli Iniziati. Nella tradizione indù, le dimore dei dodici Ierofanti, o Maestri di Saggezza, erano in dodici isole, distribuite nell'Abisso del Sapere che giace sul fondo dell'Oceano superiore, ossia il Cielo. Queste isole sono i dodici segni dello Zodiaco. In Cina si divideva lo Zodiaco in 24 parti e l'anno in 24 quindicine, in questo modo il rapporto rimane invariato. Gli animali sacrificali che Brahma crea nel primo Kalpa, sono i dodici segni dello Zodiaco e lo stesso dicasi della prima creazione degli animali descritta nella Bibbia. Quando fu creato lo Zodiaco oggi in uso, quello greco, il giorno corrispondente al 21 Marzo, il Sole era in Ariete, oggi, dopo 2300 anni, per effetto della precessione degli equinozi (1 grado ogni 72 anni), il Sole, a quella data, si trova nei Pesci, con l'anticipo di circa un segno. Questo anticipo continuerà per 25.595 anni solari, ovvero un anno platonico, quando si completerà il giro e il Sole tornerà in Ariete. I segni dello Zodiaco sono stati variamente associati: Ariete (Marzo, Principio del Fuoco), Toro (Aprile, Principio della Terra), Gemelli (Maggio, Principio dell'Aria), Cancro (Giugno, Principio dell'Acqua), Leone (Luglio, Mezzo del Fuoco), Vergine (Agosto, Mezzo della Terra), Bilancia (Settembre, Mezzo dell'Aria), Scorpione (Ottobre, Mezzo dell'Acqua), Sagittario (Novembre, Fine del Fuoco), Capricorno (Dicembre, Fine della Terra), Acquario (Gennaio, Fine dell'Aria), Pesci (Febbraio, Fine dell'Acqua). Quindi lo Zodiaco è molto di più che un semplice esercizio da indovini, dove lo "studio" viene generalizzato, come se tutti i nati Capricorno o un qualsiasi altro segno, avessero tutti lo stesso cielo. Forse lo Zodiaco è un mezzo con il quale si accede ad una dottrina e a una conoscenza più profonda di noi stessi. Tommaso Palamidessi nel quaderno "*Le basi dell'Astrologia Iniziatica personale*" scriveva: "*L'Astrologia Iniziatica archeosofica è per noi un discorso dottrinale e scientifico, rivolto naturalmente a chi ha una visione non solo biologica e sociale, ma metafisica dell'uomo, e ritiene la Natura vivente e considera il fatto che gli astri influenzano l'uomo e l'uomo influenza i corpi celesti. Le antiche scuole non separavano la divina astrologia dalle altre discipline destinate a formare gli individui superiori, capaci di influenzare la vita del Cosmo e quindi della terra; questa scienza era perciò associata alla teologia, alla filosofia, all'astronomia, all'alchimia, alla fisiologia occulta, alla medicina, alla teurgia. Prima dell'Era delle specializzazioni la natura era vissuta come un grande corpo sacro e animato, espressione visibile dell'invisibile. Gli storici dell'astronomia sostengono l'inizio della distinzione fra astrologia e astronomia nel II secolo, all'epoca di San Clemente d'Alessandria, per differenziarsi nettamente nel XVII secolo. Oggi la natura non è vissuta, ma analizzata nei suoi molteplici fenomeni, quali l'elettricità, la luce, il calore, e le loro relazioni matematiche. Per fortuna esistono ancora singoli cercatori e gruppi di lavoro che sanno entrare in contatto con le leggi della natura vivente, pensandola in senso fisico-matematico, ma anche vivendola in senso alchemico o iniziatico, senza disgiungere il vivere sintonico con il mondo metafisico stellare. Vi fu un tempo nel quale gli astrologi di statura etica elevata hanno percepito, in virtù della loro costituzione spirituale, la natura come scienza positiva e come panpsichismo governato dal trascendentale.".*

Sempre di Palamidessi, nel libro *Astrologia Mondiale - il destino personale e dei popoli rivelato dal corso degli astri,* ci spinge ad approfondire il discorso sullo Zodiaco, indicandolo come percorso personale di esperienze che, di vita in vita, tutti noi siamo chiamati a compiere fino ad essere dei Maestri: *"Ciascuno di noi, entrando in questa vita, viene da un lungo passato che conta molte vite, e assumendo di nuovo un altro compito sulla terra, reca con sé il fardello di ciò che fece di buono o di cattivo. La sua nascita sarà realizzabile sotto una sintesi di influenze siderali in grado di creargli l'ambiente e la costituzione fisica proporzionali al destino da scontare. Però, malgrado tutte le forze della natura lo costringano a realizzare a proprie spese l'equilibrio, egli possiede lo Spirito Divino che vive in lui, e basta uno sforzo che possa cooperare con la volontà Divina nella evoluzione, non ostacolandola e guadagnandosi così un destino migliore. La Grande Legge che regola il creato adopera la forza accumulata dall'individuo stesso, e nulla può aggiungervi o toglierlvi. L'individuo proviene da un passato, ha legami di destino con altri individui, con una famiglia, un popolo; deve essere mandato ad incarnarsi dove gli sarà possibile scontare tutto il suo svariato carico, dovrà nascere sotto un cielo stellato le cui influenze siderali saranno conformi alla pena da espiare. Tuttavia la sua incarnazione è solo una vita della grande serie di vite, e al termine di questa lunga, difficile e dolorosa strada, egli sarà un Maestro di Sapienza, un Archetipo.".*

# Le dodici fatiche di Ercole e il percorso spirituale

Nel corso di una innumerevole serie di esistenze, le forze latenti negli esseri umani saranno scoperte ed utilizzate in armonia con gli scopi divini che si dispiegano sul piano delle ere di cui è costituita una manifestazione universale. Nel caso specifico, Ercole attraversa i dodici segni dello zodiaco, da Ariete fino a Pesci, esprimendo le caratteristiche di ciascun segno ed acquisendo nuova conoscenza. Egli, utilizza i dodici tipi di energia con cui la coscienza del Divino si esprime nella forma, riportando una vittoria sulla materia e pervenendo all'autorealizzazione. Un lavoro che ciascuno di noi è chiamato a compiere, per controllare le forze insite nella natura umana e divenire dapprima servitori dell'umanità ed infine Salvatori del mondo. Nell'astrologia esoterica, si parla di quattro costellazioni che caratterizzano le prove fondamentali che un discepolo deve superare, seppur con fatica. Esse costituiscono la cosiddetta la *Croce fissa* nei cieli su cui deve immolarsi il discepolo sulla Via interiore e sono quelle del Toro, del Leone, dello Scorpione e dell'Acquario. Ercole è raffigurato con un collo taurino, alludendo alla sua risolutezza, veste una pelle di leone, uccide i serpenti e l'Idra di Lerna e usa l'intelletto tipico dell'Acquario il cui motto infatti è "conoscere". Il suo cammino poi continua fino al Capricorno, in cui diviene a pieno titolo un Iniziato.

## PRIMA FATICA
### Cattura delle giumente antropòfaghe.
### Ariete (21 marzo - 20 aprile)

L'Ariete è il primo segno della grande ruota zodiacale che il discepolo percorre in senso inverso rispetto al corso apparente del sole; pertanto, rappresenta il primo passo compiuto sul sentiero della trasformazione. Emerge dunque la spiritualità, quando le giumente selvagge ed antropòfaghe simbolo della mente inferiore non disciplinata vengono assoggettate al potere dell'anima. La mente quindi va controllata, ma la personalità non ha questo potere; occorre che intervenga un principio superiore capace di non essere travolto dal fluire disordinato dei pensieri.  È per questo che Abderis il compagno di Ercole viene ucciso dagli animali imbizzarriti, mentre l'eroe riesce nel suo intento.


## SECONDA FATICA
### Cattura del Toro di Creta.
### Toro (21 aprile - 20 maggio)


Questa prova ha attinenza col mondo del desiderio e con la sua potenza scatenata; per questo, il discepolo deve saperlo governare in modo intelligente senza reprimerlo, ma anche senza lasciarsi trascinare da esso.  Il mito narra che il Toro cretese era nato dal mare, simbolo delle acque mutevoli ed infide, e che bisognava condurlo sulla terraferma: dall'isola del labirinto, che rappresenta l'Io separato vittima della grande illusione, alla terra dei Ciclopi, gli iniziati dall'occhio unico, quello di Shiva nella tradizione orientale. Così la materia viene consacrata, purificata e resa spirituale. Quindi, vediamo che Ercole cattura, doma e cavalca il Toro, ma non lo uccide, bensì lo guida con intelligenza ed equilibrio.


## TERZA FATICA
### Raccolta delle mele d'oro del giardino delle Esperidi.
### Gemelli (21 maggio - 21 giugno)


Prima di portare a termine l'impresa, stavolta Ercole va incontro a molti fallimenti.  Infatti, disdegna l'aiuto di Nereo, messaggero di verità, mandato in suo soccorso; stenta ad eliminare Anteo (la personalità) e se ne libera solo dopo averlo sollevato da terra; cede alle lusinghe di Busiride, il falso maestro; infine, però, libera Prometeo incatenato ad una rupe ed allevia Atlante che sorregge il mondo dal terribile peso.  Solo dopo aver unificato i due poli del suo essere, anima e corpo, gli eterni gemelli appunto, l'eroe riceve in premio i frutti d'oro, cioè la saggezza costituita da Intelligenza, Amore e Volontà, superando il fascino dell'illusione e consacrandosi all'altruismo.

## QUARTA FATICA
### Cattura della Cerva.
### Cancro (22 giugno - 22 luglio)

A questo punto, l'aspirante è pronto per sviluppare l'intuizione, di cui la Cerva dalle corna d'oro è simbolo, perché sfuggente e difficile da catturare. L'istinto e l'intelletto del discepolo devono essere subordinati a questa qualità capace di elevare la materia al cielo; di riconoscere cioè, il regno dello spirito. Per far ciò, Ercole deve lottare e dedicare l'animale al Dio Sole, ignorando le proteste di Artemide e Diana, simboli della natura inferiore. I vari aspetti della natura umana, comunque, rappresentano delle tappe da attraversare e non devono essere demonizzati; occorre solo usare correttamente l'istinto e poi servirsi dell'intelletto per condurre la propria ricerca, prima di sviluppare l'intuizione che rende consapevoli del mondo spirituale e del Piano divino.

## QUINTA FATICA
### Uccisione del Leone di Nemea.
### Leone (23 luglio - 23 agosto)

Il simbolo sotteso a questa prova è il superamento del Sé individuale; la belva feroce, infatti, allude alla personalità dominatrice che l'aspirante deve uccidere, abbandonando l'egoismo. Il mito narra che la caverna in cui Ercole strangola il leone a mani nude possiede due aperture, l'una delle quali viene ostruita con una catasta di legna, per impedire alla bestia di fuggire. La grotta compare in molti racconti allegorici ed in testi sacri; lo stesso Cristo è nato in una di esse ed infatti è qui che la personalità è sconfitta, al momento della nascita del divino fanciullo all'interno dell'individuo che s'accinge a percorrere la Via. È interessante notare che nella testa, dietro la fronte, esiste una piccola cavità in cui è inserita la ghiandola pituitaria che presenta due lobi; quello anteriore è la sede della mente razionale, mentre quello inferiore lo è della natura emozionale. L'individualità pienamente sviluppata ha qui la sua tana ed è qui che Ercole blocca una delle due entrate, per riuscire a controllare le emozioni personali per mezzo della mente superiore.

A quanto detto si aggiunga che da millenni, sia in Egitto che in Oriente, si conoscono i chakra o centri di energia del corpo eterico; in Occidente, la scienza ha individuato il sistema endocrino, le cui ghiandole si trovano in corrispondenza con i centri eterici suddetti, essendo un loro riflesso sul piano fisico. Esiste quindi una diretta correlazione tra le varie dimensioni dell'Essere, come recita l'antico assioma ermetico: "Come è sopra, così è sotto".

## SESTA FATICA
### La cintura di Ippolita.
### Vergine (24 agosto - 22 settembre)

Nel mito antico, Ippolita era la regina delle Amazzoni; indossava una cintura d'oro donatale da Venere, simbolo di unità ed amore. Ercole se ne impossessa con la forza, mentre lei stava donandogliela senza combattere. L'eroe arriva ad ucciderla, provocando i rimproveri del Maestro che lo assiste nelle difficili prove. Per bilanciare l'errore con un'azione positiva, Ercole salva la povera Esione da un mostro marino. Ciò significa che i due poli della natura umana, gli opposti maschile e femminile, devono trovare un equilibrio nell'amore e nella comprensione. La personalità va redenta, non uccisa; bisogna identificarsi con entrambi gli aspetti divini: Materia e Spirito.

## SETTIMA FATICA
### Cattura del Cinghiale di Erimanto.
### Bilancia (23 settembre - 22 ottobre)

La Bilancia è un segno di equilibrio e giustizia; pertanto, la prova serve a dominare se stessi, affidandosi all'anima per guidare il corpo. È così che Ercole controlla il corpo emozionale od astrale, catturando il Cinghiale simbolo del desiderio sulla cima di una montagna, dove si diradano le nebbie della valle e si perviene all'illuminazione.

## OTTAVA FATICA
### Uccisione dell'Idra di Lerna.
### Scorpione (23 ottobre - 22 novembre)

Il mito narrava che nella palude di Lerna, tra la fetida melma delle sabbie mobili, s'acquattava un mostro serpentino dalle nove teste, di cui una immortale; se mozzate, ricrescevano sempre. Impresa difficile, dunque, quella di annientarlo. Ercole, tuttavia, dopo vani tentativi, sollevò l'orrida creatura nell'aria e nella luce del giorno, provocandone la morte lenta. La testa immortale, venne seppellita sotto una roccia. Il senso della storia è che l'Idra s'annida negli oscuri recessi dell'inconscio, dove albergano desideri e pensieri prodotti dalla natura inferiore. Queste energie non vanno né inibite, né esercitate senza freni, ma sublimate per utilizzarle in modo positivo. Serve a poco quindi la tecnica escogitata dalla moderna psicanalisi di portare in superficie, cioè all'attenzione della mente analitica, questo fango, se poi non si riesce a sublimarlo nella luce divina. L'eroe greco, invece, agisce con umiltà, riconoscendo i propri difetti e poi lasciando entrare gradualmente la luce dell'anima, per non essere abbacinato dal suo splendore, fino ad ottenere un pieno dominio sulla personalità che, comunque, resta l'unico mezzo per contattare l'espressione divina nella nostra dimensione duale ed illusoriamente separativa. La personalità infatti non è negativa in sé; dipende da come viene usata. Dunque, se la magia nera usa la forma in modo egoistico, quella bianca si serve della personalità per elevare la vita verso la dimensione spirituale.


## NONA FATICA
### Uccisione degli Uccelli di Stinfalo.
### Sagittario (23 novembre - 22 dicembre)

Nella palude di Stinfalo nidificavano enormi uccelli feroci, dal becco e dagli artigli d'acciaio. Ercole ne provoca la fuga precipitosa, battendo dei grandi piatti d'ottone donatigli da Atena, la dea della sapienza, e poi colpendoli con le frecce della sua faretra. Il senso della storia è abbastanza esplicito: la palude è simbolo della mente e delle emozioni; occorre cacciare gli uccelli che la popolano verso l'aria pura, dominando pensieri e sentimenti negativi.

## DECIMA FATICA
### Uccisione di Cerbero, guardiano dell'Ade.
### Capricorno (23 dicembre - 20 gennaio)

Ercole scende nell'Ade per liberare Prometeo che vi giace incatenato, ma il cammino è sbarrato dal cane infernale Cerbero, vero e proprio Guardiano della Soglia, dotato di tre teste e coda serpentina, che lo accoglie latrando e spalancando le fauci. Prometeo è simbolo dell'umanità dotata del fuoco della mente, ma ancora asservita ai desideri; l'iniziato Ercole, ormai libero dai vincoli della personalità, s'impegna con tutto il suo essere a servire ed aiutare il prossimo. Egli non mira più nemmeno alla propria liberazione ed agisce per il bene in modo impersonale, è per questo che può vincere il cane infernale, ormai libero da desideri, soffocandolo a mani nude. La coda serpentina, simbolo delle illusioni che ostacolano il cammino verso lo spirito, del materialismo e della natura psichica inferiore, giace ormai inerte, priva di vita; il mostro è vinto e non può più nuocere.

## UNDICESIMA FATICA
### Pulizia delle stalle di Augia.
### Acquario (21 gennaio - 19 febbraio)

Il regno di Augia era infestato da una pestilenza originata dalla sporcizia accumulata nelle stalle del re, dove enormi mandrie vivevano ammassate da tempo immemorabile. Ercole ripulisce il luogo, deviando due fiumi dal loro corso e purificando l'ambiente ammorbato da orribile fetore. Il discepolo, decentrato da sé ed ormai votato al servizio altruistico, non ottiene riconoscenza; infatti, dopo la sua impresa, viene bandito dal re che non ne comprende la magnanimità; eppure, egli svolge una funzione essenziale ammaestrando l'umanità, simboleggiata dalle mandrie, ancora immerse nella lordura della natura inferiore.

# DODICESIMA FATICA
## Cattura delle mandrie di Gerione.
### Pesci (20 febbraio - 20 marzo)

Ercole s'adddentra nell'oscura regione Eriteia governata da Gerione, un mostro tricefalo, per condurre le mandrie che vi pascolano verso la Città Sacra.  Dopo aver invocato l'aiuto di Elio, il dio del fuoco solare, si libera dall'assalto del cane Ortro dotato di due teste (la materia e la natura psichica), ma risparmia la vita del guardiano Euritione che gli si sottomette impaurito; infine, uccide con l'arco Gerione.  Poi guida la mandria verso la Città Sacra, dove sarà accolta da Atena Dea della saggezza, badando che nessuno si perda e tutti giungano alla meta.  L'eroe greco è divenuto dunque un Salvatore del mondo; infatti, libera l'umanità (la mandria dal rosso mantello, colore del desiderio) dall'influenza del mostro Gerione prigioniero dell'illusione prodotta dalla sua triplice natura inevoluta (corpo fisico, emotivo e mentale inferiore), ma risparmia il guardiano degli animali, che simboleggia la mente; infatti, questa non può essere destituita da ogni potere, se si vuole raggiungere l'anima attraverso la sua mediazione.

# Capitolo 4

## Wilhelm Reich e l'energia Orgonica

*Orgone* è il termine coniato dal medico e psichiatra austriaco Wilhelm Reich per indicare ciò che, a suo modo di vedere, è la forza cosmica che si pone come unico vero fondamento di tutta la Natura e che, in esoterismo chiamiamo, "*la Forza Forte delle Forze*". In verità innumerevoli furono gli uomini di scienza precedenti a Reich che, nei loro lavori, fecero riferimento al medesimo concetto pur adottando terminologie differenti. E' questo il caso dell'astronomo Keplero il quale elaborò il concetto di *Facultas Formatrix* e del ricercatore tedesco Franz Anton Mesmer che definì "*Magnetismo Animale*" il sottile fluido fisico che riempie tutto l'universo collegando ogni elemento. Più tardi un altro scienziato di nome Reichenbach chiamò questa misteriosa energia "*Forza Odica*", mentre il biologo e filosofo Hans Adolf Driesch la definì con il termine aristotelico "*Entelechia*", parola composta da *en* e *telos* che significano rispettivamente "dentro" e "scopo", a indicare una sorta di finalità interiore. In epoche più antiche i greci chiamavano l'energia orgonica "Etere" e gli egiziani "Energia Vitale".

Comunque sia, dal 1922 Reich, ebbe modo di imbattersi nella misteriosa energia Orgonica nell'ambito della sua professione psichiatrica. Reich fu psicoanalista, amico e allievo di Sigmund Freud e da ciò è facile attendersi che il punto di partenza delle ricerche di Reich fu il concetto freudiano di *Libido* che rappresenta forse la pulsione principale dell'uomo e del regno animale in genere, quella sessuale. In effetti, il nesso tra energia vitale e sessuale appare chiaro all'osservatore attento. Si noterà, infatti, che in primavera tutta la Natura si risveglia e che il rinnovato vigore per l'attività in genere è accompagnato, nel regno animale, da un maggior desiderio sessuale. In questo primo periodo di lavoro e ricerca, Reich ritenne che l'uomo che presenta un eccesso di energia sessuale repressa può più facilmente sviluppare delle nevrosi. Egli notò che la repressione sessuale causa nell'uomo un'attenuazione del desiderio, un irrigidimento della muscolatura e una respirazione che risulta sovente trattenuta. La tendenza psichica del represso, inoltre è, di evitare inconsciamente tutto ciò che può ristabilire l'elasticità e l'equilibrio perduto. Reich definì questa condizione *"essere corazzati"*. A suo modo di vedere tale processo d'irrigidimento fisico e psichico porta verso le nevrosi. Così Reich vedeva nell'inibizione sessuale attuata dalla società e dalla cultura la causa principale della malattia dell'uomo. Per una mente flessibile come quella di Reich fu una conseguenza naturale il tentativo di generalizzare e approfondire il concetto di *"energia libidica"* per estenderlo più in la dello stretto ambito della psichiatria verso i territori della medicina e della biologia. A tal fine, nell'ambito dei suoi studi sulla natura bioelettrica del piacere e dell'emozione, fece una serie di esperimenti molto interessanti. In particolare Reich credeva che l'intensa sensazione di piacere provocata da un orgasmo, doveva produrre delle cariche elettriche sulla pelle del soggetto. Con l'ausilio di un galvanometro trovò la conferma sperimentale della sua intuizione. Inoltre scoprì che tutte le sensazioni di piacere provocano un espansione dell'organismo e un conseguente aumento delle cariche elettriche di superficie. Viceversa episodi psicologicamente spiacevoli provocano una contrazione e un abbassamento e talvolta annullamento delle cariche elettriche sull'epidermide. Chiamò queste cariche elettriche che interessano la superficie del corpo umano "Energia Bioelettrica". Dunque, il concetto di energia libidica si sviluppò nella nozione più fisica e generale di bioelettricità. Più tardi detta energia sarà ribattezzata "Energia Orgonica". In seguito, nell'ambito di alcune ricerche sulla decomposizione di materia organica, notò la formazione di alcune vescicole luminose che si muovevano liberamente. Queste vescicole luminose, secondo Reich, dovevano essere una sorta di stadio intermedio tra la materia vivente e la non vivente. Le chiamò *"Bioni* SAPA". Queste particelle sarebbero in grado di sopprimere virus e cellule tumorali. In seguito ad altri esperimenti Reich si accorse che tali Bioni emettevano radiazioni in grado di caricare bioelettricamente oggetti metallici posti nelle loro vicinanze. Questa carica poteva essere agevolmente evidenziata da un elettroscopio. Pensò che quest'ultima carica fosse della stessa identica natura delle cariche bioelettriche misurate sull'epidermide umana. Un giorno notò che le foglioline del suo elettroscopio si respingevano sensibilmente se poste nella vicinanza di un paio di guanti di gomma riscaldati dalla luce solare. Nella mente di Reich l'associazione luce solare bioelettricità fu immediata.   Cercò di schermare queste radiazioni solari realizzando un contenitore metallico adatto allo scopo.   Con sua enorme sorpresa scoprì che all'interno del contenitore gli effetti riscontrati all'esterno erano notevolmente aumentati.   Più tardi Reich, prendendo spunto da questa esperienza, realizzerà il così detto *"Accumulatore di energia orgonica ORAC"* apparato costituito da una scatola i cui lati presentano strati formati dall'interposizione di materiali metallici e non metallici organici.   Reich, attraverso osservazioni ed esperimenti, riuscì ad individuare la presunta esistenza dell'Orgone, anche nel più esteso dominio dell'atmosfera terrestre. Conseguentemente l'ambito di ricerca di Reich finì per valicare i confini della biologia e del regno animale per entrare nel ben più esteso ed universale regno della meteorologia e della fisica dell'atmosfera.   L'Orgone, come già scritto, ricorda molto da vicino l'Etere di Aristotele, il Prana degli induisti, il Ki o Qi, della medicina cinese e lo Spirito Universale dei Maghi e degli Alchimisti. Andiamo a conoscere adesso, le proprietà di questa forma di energia.

## Proprietà dell'Energia Orgonica

### - Non ha massa.
L'Energia Orgonica non presenta né inerzia né peso, cioè, è sprovvista di Massa.   Questo è uno dei motivi per cui è difficile da misurare con le tecniche convenzionalmente adottate dalla scienza.

### - È presente ovunque.
L'Energia Orgonica riempie tutto lo spazio. Non è distribuita in modo omogeneo ma in diversi gradi o concentrazioni (altrimenti dette cariche), tuttavia essa non è mai completamente mancante. È presente anche nel vuoto, sia all'interno dell'atmosfera terrestre sia nello spazio interstellare.

### - È mediatore tra i fenomeni gravitazionali ed elettromagnetici.
L'energia orgonica è il substrato fondamentale della maggior parte dei fenomeni naturali.   È il *"mediatore"* nel quale si muove la luce e nel quale i campi elettromagnetici e gravitazionali esercitano la loro forza.

**- È in costante movimento.**

In particolari condizioni il movimento continuo dell'energia orgonica può essere osservato. L'Orgone presenta almeno due tipi di movimento: a pulsazione con espansioni e contrazioni alternate e a flusso di solito lungo un tragitto curvilineo.

**- L'Orgone contraddice la legge di entropia.**

L'Energia Orgonica è attratta da alte concentrazioni della stessa energia. A differenza del calore o dell'energia elettrica, che mostrano sempre un flusso che va da un maggiore a un minor potenziale, le correnti di energia orgonica si spostano da aree con potenziale minore verso luoghi con potenziale più elevato. In effetti, in un sistema termicamente isolato, il calore è spontaneamente perso dagli oggetti più caldi e assorbito da quelli più freddi fino a che tutto all'interno del sistema presenta la medesima temperatura. Tutto ciò in conformità con la legge di entropia. Invece i processi che interessano l'Orgone lavorano nella direzione diametralmente opposta. Tuttavia sarebbe un errore pensare che il flusso di energia orgonica sia solamente l'antitesi della legge di entropia. Infatti, i processi dell'Orgone sono qualitativamente diversi rispetto ai processi entropici. Quelli orgonici sono processi responsabili della crescita degli esseri viventi, del loro apprendimento, e dell'evoluzione che va dall'elemento più semplice al più complesso. Nell'ambito dei non viventi, invece, i processi dell'energia orgonica interessano lo sviluppo di nuvole e tempeste nell'atmosfera e, su scala cosmica, la genesi delle galassie e delle stelle. Tutto ciò conduce alla successiva proprietà dell'energia orgonica.

**- L'Orgone forma delle unità che sono le sorgenti della creazione.**

Come abbiamo visto l'energia Orgonica può essere in materiale vivente o non vivente poiché interessa tutti gli elementi dell'universo.

**- La materia è creata da essa.**

La materia deriverebbe dalla massa libera dell'energia orgonica. Reich, infatti, riteneva che nel nostro pianeta viene continuamente generata nuova materia contraddicendo il famoso principio del chimico francese Antoine Lavoisier secondo il quale *"Nulla si crea, nulla si distrugge, tutto si trasforma".*

**- È responsabile della vita.**
L'Orgone è l'energia vitale, possiamo dire che alcune unità di energia orgonica possono sviluppare delle qualità speciali associate alla vita, che è una sorta di reazione a catena derivante dal processo creativo.

**- Flussi separati di energia possono attrarsi vicendevolmente per sovrapporsi.**
La funzione di sovrapposizione sembra essere la forma fondamentale del processo creativo. Secondo la teoria nello spazio interstellare possono sovrapporsi due correnti di energia orgonica mostrando la forma di due getti di energia che convergono in una spirale. Questa forma sarebbe chiaramente visibile nelle tipiche Galassie a spirale, ma anche nell'ambito della nostra atmosfera, nella conformazione di uragani e altre tempeste cicloniche. Nel regno animale, invece, l'accoppiamento sembra essere l'espressione principale della funzione di sovrapposizione. In particolare la forza e profondità del sentimento sarebbe proporzionale rispetto all'intensità del flusso di energia orgonica.

**- L'Orgone può essere controllato da particolari dispositivi.**
Probabilmente il primo apparato conosciuto per concentrare l'energia orgonica fu la così detta *"Bacchetta di Mesmer"*. In seguito Reich ha sviluppato diversi dispositivi per il controllo dell'energia orgonica. Il più noto tra questi è l'accumulatore di energia orgonica ORAC costituito da una scatola i cui lati presentano strati formati dall'interposizione di materiali metallici e non metallici organici. All'interno di questi impianti particolari si hanno elevate concentrazioni di energia orgonica. Un altro strumento altrettanto noto ideato da Reich fu il così detto cloudbuster, ossia un'attrezzatura costituita principalmente da tubi vuoti in parte immersi in acqua in grado di assorbire l'orgone dall'atmosfera per poi scaricarlo nell'acqua o viceversa. Utilizzato correttamente quest'apparato può provocare notevoli cambiamenti meteorologici. Ma anche la Pentasfera è un dispositivo per controllare tale energia. Attraverso la sua struttura, infatti, l'energia viene stimolata a costituire un toroide, con una estensione che va dai 500 metri e oltre,

convogliando l'energia negativa DOR - Deadly Orgon dal polo negativo in basso, verso il polo positivo superiore trasformandolo in OR - Orgon.

**- Le Unità Orgone utilizzano un accumulo di energia nel processo creativo.**

L'energia orgonica sfrutta il potenziale immagazzinato per mantenere o aumentare le proprie dimensioni o forza. Tutto ciò appare chiaro nel regno animale dove ogni individuo utilizza l'energia chimica degli alimenti per il proprio metabolismo e crescita. Anche i temporali, che sono anche sistemi di energia orgonica, utilizzano il calore latente di condensazione del vapor acqueo come sorgente di energia immagazzinata.

**- La generazione spontanea e altri processi orgonici possono richiedere un contatto illimitato con i flussi di energia orgonica dell'Universo.**

Osservando i processi naturali ci si accorge che la vita nasce e si sviluppa continuamente dalla materia non vivente. Probabilmente i processi vitali si sviluppano dal contatto diretto della materia con i flussi di energia orgonica. A riprova di ciò sperimentalmente si è notato che raramente dei protozoi si sviluppano spontaneamente in miscele che sono state sterilizzate e racchiuse in contenitori sigillati. Per contro esseri unicellulari compaiono regolarmente in queste stesse soluzioni non sigillate.

## Esperimento XX

Uno degli esperimenti più indicativi di Reich, concerne la transazione dalla materia inorganica a quella vivente. L'esperienza consiste nel prendere della terra e dell'acqua e cuocerle insieme; in seguito, mediante filtrazione, si produce dell'acqua detta "*Acqua di bioni*". Questa soluzione viene sterilizzata sotto pressione e conservata in recipienti puliti che, in seguito, vengono congelati. Scongelando queste soluzioni sterili si possono osservare dei fiocchi di materia che, dopo l'esame al microscopio, mostrano le forme caratteristiche del materiale biologico. Reich dunque ritenne che dal processo di concentrazione energetica emergessero le strutture biologiche tipiche delle forme di vita.

# L'esperimento Oranur

Agli inizi del 1951 Reich realizzò un esperimento per dimostrare che l'energia orgonica neutralizzasse l'energia nucleare. Ottenne un risultato inatteso: costatò che l'energia nucleare è fortemente nociva sull'Orgone. In particolare dispose un grammo di Radio all'interno di un accumulatore orgonico costituito da venti strati alternati. L'esposizione reiterata dell'elemento radioattivo determinò un aumento pericoloso della radioattività nella zona interessata dall'esperimento. Dopo questa esperienza fondamentale Reich costatò l'esistenza di una nuova energia che egli chiamò DOR (Deadly Orgon) risultante dall'effetto dell'energia nucleare su quella orgonica. Tra le altre cose costatò la presenza di questa energia nociva per la vita anche nell'atmosfera terrestre sotto forma di piccole macchie nere. L'energia DOR è scura, quasi nera, tossica e senza alcun splendore in evidente contrasto con l'energia orgonica che invece è brillante e in diretto rapporto con la luce solare.

## Esperimenti sul Clima

Molto interessanti furono anche gli esperimenti che Reich condusse nell'ambito della meteorologia con dei dispositivi che egli definì "Cloudbuster". Come abbiamo già accennato in precedenza si tratta di semplici tubi metallici immersi parzialmente in acqua grazie ai quali sarebbe possibile sottrarre Orgone dall'atmosfera per poi scaricarlo nel liquido al quale i tubi sono collegati. In pratica, puntando il dispositivo su una nube temporalesca, è possibile sottrarre da essa energia impedendone il futuro sviluppo di piogge. Viceversa per creare piogge basterebbe puntare il cloudbuster in un punto attorno alla nube in modo da allargarla e potenziarla con nuova energia orgonica.

Naturalmente gli esperimenti meteorologici meriterebbero una trattazione a parte più approfondita.

# Effetti dell'accumulatore Orgonico

A quanto sembra l'accumulatore di energia orgonica produce degli effetti profondi sul corpo umano.  Innanzi tutto v'è da rivelare che la temperatura all'interno dell'accumulatore tende a essere leggermente superiore rispetto a quella dell'ambiente circostante. Naturalmente anche la temperatura del corpo umano tende a salire all'interno della struttura.  Questo è ciò che è stato rilevato da Paul e Jean Ritter su 45 diverse osservazioni su nove soggetti. Gli esperimenti hanno evidenziato un aumento medio della temperatura di 0,48 gradi Celsius in conseguenza di sedute di circa 40 minuti in un accumulatore. L'aumento della temperatura corporea risulterebbe comprensibile considerando l'aumento di energia orgonica nel corpo trattato. Inoltre questo incremento d'energia sarebbe in grado di apportare dei benefici di natura terapeutica contro il cancro ed altre patologie.

Dopo una lunga e tormentosa campagna diffamatoria della FDA (Food and Drug Administration) americana, sull'uso medico dell'orgone, iniziata nella metà degli anni '40, il Dr. Reich morì in prigione nel 1957.  Tutti i suoi libri e manoscritti furono bruciati, per decreto federale, fino al 1962 e in scala minore, fino al 1970. Il governo degli Stati Uniti dichiarò che l'orgone non esisteva, e Orgone era l'unica parola necessaria a qualificare il materiale come degno di essere bandito e distrutto nel caso venisse pubblicato.

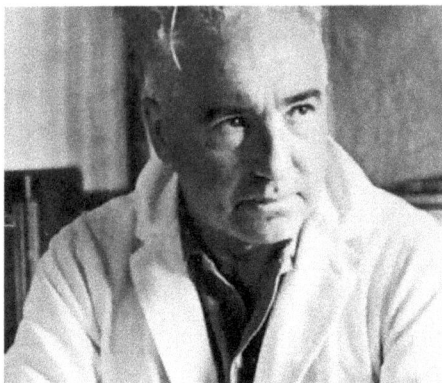

# Il Biometro di Bovis

Il biometro prende il nome dal fisico francese Alfred Bovis (1871-1947), che ha determinato un modo per misurare l'energia delle varie sostanze mentre faceva ricerche tra le grandi piramidi d'Egitto negli anni '30. La scala e' stata tarata dall'Ing. Simoneton ed è basata su un'unità di misura della lunghezza d'onda, denominata Angström, utilizzata in microfisica. Un Angström equivale alla decimillionesima parte di un millimetro. Il biometro di Bovis è graduato da 0 a 10.000 unità Angström, corrispondenti, secondo gli autori, al piano della vita fisica. Si considerano le 6.500 unità Angström la soglia minima per il benessere psicofisico dell'uomo, sotto le quali, più si scende verso lo zero, più le vibrazioni del luogo diventano aggressive per la buona salute. Dalle 6.500 unità in su, verso le 10.000, un luogo, da neutro, si converte in benefico e certe volte, in troppo ricaricante per l'organismo poiché l'uomo dovrebbe vivere attorno alle 7.500 / 8.000 unità. La scala Bovis, o biometro di Bovis, è anche un tipo di misurazione utilizzata per quantificare le vibrazioni sottili che nell'ambito dell'esoterismo e della rabdomanzia si ritengono emanate da luoghi, oggetti o esseri viventi, in base al valore delle radiazioni emesse. La scala, come puoi vedere dalla foto sottostante, è rappresentata da un righello o, più frequentemente da un semicerchio graduato.

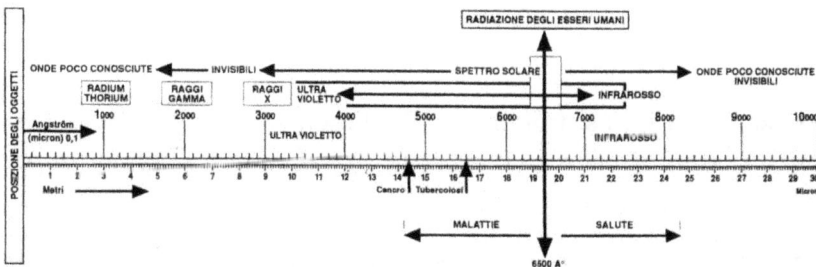

Con l'utilizzo del pendolo si può ottenere la vibrazione di qualsiasi oggetto, vivente e non, persona o luogo. La vibrazione mediana per determinare, ad esempio, uno stato minimo di buona salute per l'uomo corrisponde a 6500 UB, al di sotto di questo valore la persona risulta malata e più il valore si avvicina allo zero e più lo stato di malessere è importante. Vibrazioni più alte invece determinano una vicinanza alla parte più spirituale e più vicina al potere universale.

Vibrazioni superiori ai 20.000 UB solitamente si trovano infatti in luoghi di culto, non necessariamente religioso, quanto più riconosciuti da una moltitudine di persone che con il loro stesso culto hanno "*caricato*" il luogo nei secoli. Con questo stesso principio è possibile determinare la vibrazione dei cibi e delle bevande che ingeriamo e comprendere quindi quali alimenti ci aiutano ad elevare la nostra potenza vibrazionale.     Il lavoro di Bovis è stato ulteriormente sviluppato dall'ingegnere André Simoneton, che alla fine degli anni quaranta perfezionò la scala Bovis e la utilizzò per valutare i cibi, classificandoli in base al grado di freschezza ed energia.    Introducendo il concetto di "*Radiovitalità*", Simoneton suddivise in particolare gli alimenti in quattro categorie fondamentali, in base al grado di energia radionica emessa:

**Da 6500 a 10000 UB e oltre:** i cibi al di sopra di 6500 Angström, che Simoneton considerava la normale lunghezza d'onda emanata dagli esseri umani e alla quale occorreva dunque fare riferimento, sarebbero molto ricchi di energia; apparterrebbero a questa categoria tutti i frutti e le verdure purché crudi e appena colti; anche i legumi, il frumento, l'olio d'oliva, come pure il burro, i molluschi e i pesci di mare fintanto che mantengono una certa freschezza.

**Da 3000 a 6500 UB:** in questa seconda categoria rientrerebbero le uova fresche, l'olio di arachide, le verdure bollite, lo zucchero di canna, il pesce cotto, il latte, il vino specialmente rosso, che Simoneton considerava alimenti di sostegno.

**Da 3000 UB in giù:** si tratterebbe di alimenti inferiori come la carne cotta, i salumi, il latte bollito, il tè, il caffè, il cioccolato, il pane bianco, e i formaggi fermentati.

**0 UB:** i cibi con nessuna emanazione sono considerati da Simoneton energeticamente morti: avrebbero questa caratteristica tutte le conserve alimentari, le margarine, i prodotti industriali, lo zucchero bianco raffinato, la pasta, i superalcolici, e in genere tutti quelli che abbiano subito lavorazioni chimiche.

Secondo Simoneton, mentre i cibi con carica bassa o nulla ruberebbero energia all'organismo per poter essere assimilati, quelli che emettono vibrazioni elettromagnetiche superiori ad una certa soglia apporterebbero un contenuto nutritivo superiore alla loro componente chimica e calorica. Quest'ultima dunque non basterebbe per poter stabilire il valore nutritivo di un alimento. Nell'ottica che quanto ingeriamo, liquido o solido che sia, può toglierci energia invece che darla, fare un lavoro soggettivo e sull'alimento specifico è davvero interessante ormai abbiamo assimilato moltissime informazioni in merito ai metodi di coltivazione e di allevamento e non è detto che la verdura che siamo soliti acquistare abbia la stessa carica energetica valutata da Simoneton, quando esistevano meno pesticidi e i terreni erano naturalmente più fecondi, allo stesso tempo già osservare la suddivisione di Simoneton è una preziosa indicazione.

Anche il famoso Bach degli omonimi fiori utilizzò la scala di Bovis per determinare l'energia emessa dai fiori e quindi per comprendere come utilizzarli per la cura dei disturbi delle persone.

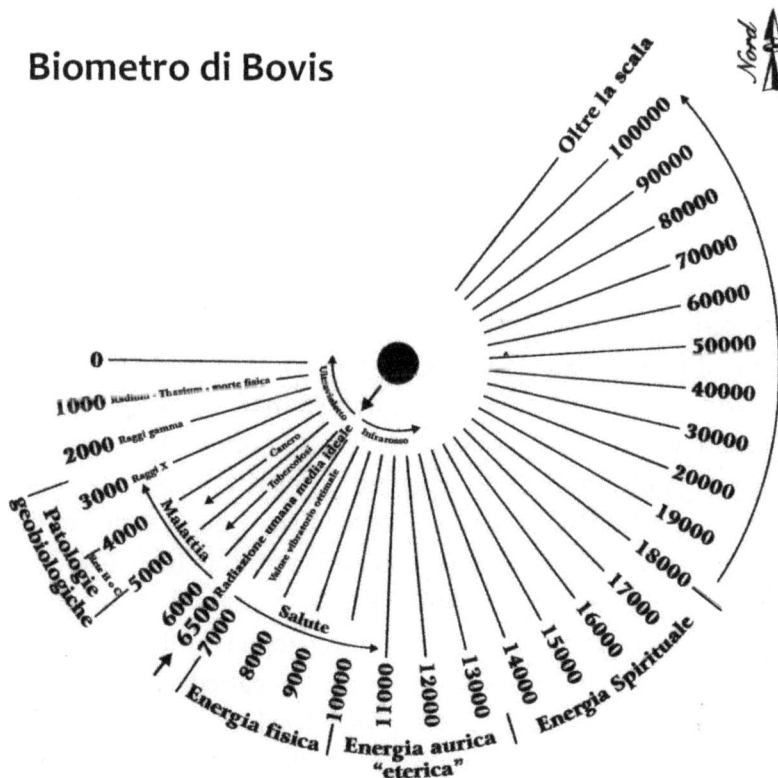

**Biometro di Bovis**

# L'energia sottile

Le teorie e le leggi riguardanti le energie sottili sono raccolte in numerosi studi scientifici di studiosi e premi Nobel di diversi paesi, già dallo scorso secolo, giungono a noi come bagaglio di sapere preziosissimo e ancora troppo sconosciuto. Definiamo oggi energia ciò che possiede una natura elettromagnetica, sonora, gravitazionale o termica, misurabile. Esistono tuttavia come abbiamo visto, altri livelli di energia che non possono essere ancora misurati a causa di strumenti non sufficientemente sofisticati. La fisica quantistica oggi ci dice che quello che vediamo nel mondo fisico, non ha nulla a che vedere con il mondo "reale" sub atomico. Ogni oggetto, ogni essere vivente, persino il vuoto sono in realtà permeati da quantità molto grandi di energia sottile o potenziale. Il campo di energia sottile a differenza di quello denso è molto più interessante per il semplice fatto di essere inesauribile. Reich e Reichenbach hanno dimostrato che l'energia sottile si diffonde nell'universo grazie alla sua natura radiante, ogni organismo vivente l'assorbe dall'ambiente esterno e la irradia continuamente, pertanto può essere irradiata da un oggetto e assorbita da un altro. L'effetto delle energie sottili che oggi molti scienziati studiano, è simile alle increspature concentriche prodotte da un sasso lanciato sulla superficie dell'acqua. Nella moderna fisica quantistica, nuove teorie, nelle specifico la teoria dell'ordine intrinseco di Bohm e Aharonov, ci offre nuove definizioni di queste energie, arrivando al calcolo matematico di una energia unificata che precede lo scorrimento trasversale elettromagnetico, di natura eterica. Il nostro sistema energetico è alla base del funzionamento del nostro essere fisico, mentale, emozionale e anche spirituale. Nel momento in cui i nostri centri energetici perdono il loro equilibrio, gli effetti di ciò si ripercuotono sul nostro essere ad ogni livello e in ultima analisi a livello fisico generando malattie. Le energie sottili sono parte profonda e integrante della nostra realtà quotidiana ed è indispensabile conoscerle a fondo per un buon equilibrio psico-fisico, da quelle geopatogene alle ley line, su quest'ultime sono costruite quasi tutte le cattedrali romaniche e gotiche. Ogni energia "densa" come il calore, l'energia elettrica, l'energia nucleare, è composta anche dalla componente energetica sottile, ma non è vero il contrario. Le energie sottili sono l'energia

Reiki, diretta o a distanza, le energie sottili sono quelle che un chakra "respira", esattamente come se fosse un polmone, immettendo dentro il nostro organismo energia pulita ed espellendo energia di scarto, e sono quelle purificate da una Pentasfera. Le energie sottili nel corso della storia e ovunque nel mondo sono state studiate ed esse si riferiscono termini come "*Prana*", "*Chi*", "*Ki*" o "*Qi*", "*Orgone*", e "*Forza vitale*". Nonostante a tutt'oggi, soprattutto a causa dell'assenza di un idoneo trasduttore sottile-elettrico, non esistano strumenti di rilevazione diretta delle energie sottili e pertanto, della loro influenza sull'organismo e sulla psiche, un'enorme mole di lavori, condotti con razionalità e metodo scientifici, ne dimostra tuttavia la loro esistenza. Rilevazioni indirette possono essere condotte con i test Kiniesiologici e con strumenti come il Vega Test, la Macchina Mora, il Biotest ed altri. Con il termine "energie sottili" s'intende riferirsi sia alle bio-energie, che presiedono e sostengono lo sviluppo della vita biologica, sia a tutte le altre manifestazioni energetiche "occulte" presenti in natura: energie telluriche, ambientali, cosmiche, fino ad includere le energie psichiche. Per quanto riguarda le ricerche sulle energie sottili di origine naturale, oltre W. Reick, non si può non ricordare il lavoro condotto dal Dr. Hartmann, sui cosiddetti nodi geopatogeni. Hartmann collezionò un'impressionante massa di dati, che dimostrava in modo incontrovertibile che dei ratti posti su nodi geopatogeni sviluppavano il cancro con una frequenza statisticamente significativa, rispetto a quelli di controllo, posti su zone neutre. Negli anni '60, il Dr. Bernard Grad, negli USA, studiò i possibili effetti delle energie sottili sull'acqua, sui vegetali, sugli animali e sugli esseri umani, in una ricerca sovvenzionata da una multinazionale farmaceutica, con grande disponibilità di mezzi. Tale ricerca era stata finanziata nella speranza di poterne dimostrare l'infondatezza, ma, con sorpresa dello stesso Grad, dimostrò invece che le energie sottili esistono e possono avere influenze positive o negative sulla salute fisica e psichica. Malcom Rae, grande radioestesista inglese, scoprì e dimostrò che è possibile memorizzare "la firma energetica", o se si preferisce il "timbro", di una cellula, di un organo, di una malattia, di un pensiero di un emozione, del livello d'intelligenza di una persona, dello stato di salute di una persona in un particolare momento della sua vita. Il Dr Roberto

Zamperini riscoprì questo concetto che definì in seguito Caratteristica Vibratoria, tutte le cose sono caratterizzate da una funzione vibratoria complessa e dinamica che permette, non solo di individuarla in Diagnosi Sottile, ma anche di considerarla bersaglio preciso per l'invio di energie sottili specifiche.

Siamo immersi in un universo energetico che ci permea e con il quale siamo in un continuo interscambio d'energie di ogni tipo. A questo proposito sarebbe forse più appropriato parlare di un "multiverso" in quanto non c'è un'unica sfuggente "energia vitale", come si sarebbe spinti a credere, bensì un sistema complesso di energie sottili di diverso ordine e grado che operano su più livelli o dimensioni contemporaneamente. Anche noi siamo costituiti da forma addensata di energia e questa nostra realtà immateriale è tanto più vera di quella fisica; le malattie, prima che si palesino a livello fisico, si manifestano a livello energetico nel nostro "corpo sottile" cioè nella sfera energetica che avvolge in modo invisibile il nostro corpo fisico.

*"Tutte le cose esistenti sono in realtà una sola. Consideriamo preziose quelle che sono belle e rare, e orribili e sgradevoli quelle che sono brutte. Le orribili e sgradevoli possono essere trasformate in cose rare e preziose, e le rare e preziose in cose orribili e sgradevoli. Quindi si dice che un'energia vitale pervade il mondo. Di conseguenza, il saggio apprezza l'unità."*
*Chuang Tzu*

# Capitolo 5

## La Pentasfera

*"...è la matrice della forza vitale ed è direttamente collegato all'energia vivente che si muove a spirale verso tutte le forme di crescita, sviluppo e cambiamento. Rende visibile l'invisibile, la geometria dei campi energetici che avvolgono il nostro sistema tridimensionale e lo penetrano fino al nucleo".  Derald George Langham*

La Pentasfera è un dispositivo tridimensionale che emette Energia Orgonica. Ha una figura geometrica composta da 6 anelli, che amplifica le facoltà extrasensoriali di chi ne entra in possesso e purifica l'ambiente circostante.  In realtà, il dispositivo possiamo considerarlo un'antenna che attrae, purifica e amplifica l'energia. Si basa sui principi di Fisica Quantistica, e non ha effetto solo sul corpo fisico ma anche sui campi aurici dell'energia sottile, che sostengono la vita e sono essenziali per il suo funzionamento. La forma della Pentasfera rappresenta un modello archetipico di Geometria Sacra ed appare come un enorme cristallo naturale, un poliedro detto Cubottaedro, cioè un solido di Archimede che contiene al suo interno tutti i 5 solidi platonici (Tetraedro, Cubo, Ottaedro, Icosaedro e Dodecaedro), forme che sono i mattoni per tutta la vita organica.  L'idea della Genesa Crystal, di cui la Pentasfera è una evoluzione perché formata da 6 cerchi anziché 4, fu sviluppata negli anni '50 dal Dr. Derald G. Langham, che si rese conto che all'interno del circuito della Genesa era riprodotto il motivo cellulare di un organismo vitale allo stato embrionale di otto cellule.  Secondo Langham la forma dell'embrione umano a otto cellule è un punto di potenziale infinito, definendolo: *"un potenziale per l'amore infinito, per la saggezza infinita, per le forme infinite, per l'energia infinita, per il potere infinito, per l'anima, per il tempo eterno, per la velocità infinita, per la fede infinita.  Esso contiene tutti i tuoi obiettivi, i tuoi desideri, la tua motivazione, perfino la tua vita stessa".*

E' come un enorme cristallo naturale che crea un potente vortice di energia.  Langham concepì la Genesa Crystal come: *"un modello che può portarci da un'esperienza di apprendimento all'altra, integrare ciò che conosciamo e indagare su ciò che non conosciamo".*  Ogni essere vivente esattamente come la Pentasfera ha sempre avuto in se stesso il potere creativo che Langham ha osservato nelle otto cellule creatrici, e spontaneamente ha la capacità di usare e condividere l'immenso campo di energia che lo pervade interiormente, che lo circonda e che può percepire tutt'intorno a ciò che fa parte della sua esistenza. Abbiamo tutti un immenso potere interiore che rende possibile, ed in modo naturale, la realizzazione dei desideri e il riequilibrio dello stato di benessere psico-fisico-emozionale, poiché nelle nostre cellule è contenuta l'energia dell'Amore universale che, attraverso il nostro cuore, interviene in ogni gesto che compone la nostra vita quotidiana, alleggerendola e rendendola speciale. Le vibrazioni positive della Pentasfera sono allineate con l'Energia Universale, per questo ci aiutano a stimolare la pace interiore e a risolvere le nostre ferite emotive, sviluppando consapevolezza interiore. La Pentasfera unisce sinergicamente le potenti forze della Sfera (*in cui esistono tutte le possibilità di realizzazione*), del Triangolo (*che rappresenta la trinità di mente, corpo e spirito e che porta la stabilità di tutte le cose*), e del Pentagono (*che rappresenta l'umanità, la coscienza e la vita stessa*), per questo motivo catalizza una enorme quantità di energia. La Pentasfera nota anche per attirare le benevole energie nella casa o in giardino, favorisce la meditazione, l'armonizzazione del proprio campo energetico ed agisce come un portale per lo spirito.

## Il Battesimo

La Pentasfera non ha bisogno di trattamenti protettivi in quanto i materiali e la forma stessa le conferiscono un alto potere energetico/vibrazionale. Può però ricevere il Battesimo ed il sistema migliore è chiedere il suo Nome. Per ricevere il nome, basta sedersi a terra su un cuscino, una sedia o poltrona comoda, rilassarsi cercando di distogliere la mente da ogni preoccupazione o discorso interiore. Respirare profondamente (*va benissimo la respirazione meditativa, inspirare dal naso, fare entrare aria dal basso ventre fino alle spalle, ed espirare facendo uscire aria dalla bocca che avrà la forma di O, ispirare velocemente, espirare lentamente*), almeno per tre volte, quando ci sentiamo pronti e in pace, abbracciamo la nostra Pentasfera e poniamo la domanda, "*Come ti chiami?*", attendiamo la risposta rimanendo in ascolto nel profondo del nostro cuore con pazienza. Ci viene comunicato il suo nome, anche se strano o particolare, da questo momento così la chiameremo, scrivete il suo nome su un foglio e riponetelo in un luogo a voi caro, (*Noi di Magiche Energie doniamo la sua carta di identità dove verrà scritto il nome della Pentasfera*). La Pentasfera comincia a funzionare già dal giorno in cui viene costruita, i Mastri Costruttori hanno dato l'imprinting con le loro energie e buone intenzioni, e così anche le persone meno sensibili potranno notare i primi aiuti e le prime sensazioni, tuttavia perché ciò avvenga è necessario stabilire un collegamento empatico e armonico tra la Pentasfera e le energie interiori del possessore che la attiverà. Il nome e l'attivazione della Pentasfera spettano al proprietario, in quanto egli ha già costruito un rapporto di fiducia con essa a partire dal momento in cui ha desiderato averne una accanto a sé, in casa. Noi crediamo nelle energie sacre, nelle vibrazioni armoniche della creazione, e ci comportiamo di conseguenza. Perciò è necessario sintonizzarsi e programmare il dispositivo solo su frequenze benefiche e credere in lei incondizionatamente. *"Dare un nome"* a qualcuno o qualcosa, è molto più che uno splendido esercizio estetico e poetico. Le nuove scoperte di fisica quantistica, ci rendono infatti consapevoli del fatto che qualsiasi nome che viene attribuito a cose o persone, influenza la struttura energetica di un oggetto o la personalità di una persona. La Pentasfera non è un semplice dispositivo radionico, è molto di più, dal momento in cui viene attivata diventa *"Viva"*, capace di attrarre energia positiva e di respingere energia e vibrazioni negative, in sintonia con il suo proprietario. Quando la Pentasfera entra in una casa o in un luogo pubblico dove le persone si incontrano, diventa come una parte integrante della famiglia e siccome in ogni famiglia ognuno ha un proprio nome, equivale ad assegnarle un posto speciale nella comunità.

*"Dio, il Signore, avendo formato dalla terra tutti gli animali dei campi e tutti gli uccelli del cielo, li condusse all'uomo per vedere come li avrebbe chiamati, e perché ogni essere vivente portasse il nome che l'uomo gli avrebbe dato. L'uomo diede dei nomi a tutto il bestiame, agli uccelli del cielo e ad ogni animale dei campi; ma per l'uomo non si trovò un aiuto che fosse adatto a lui"* Genesi 2:20-21

# Purificazione della casa e attivazione

Attiviamo la nostra Pentasfera affinché possa riconoscere la sua nuova casa, gli abitanti umani, gli animali, le piante, i cristalli e tutto ciò che è energicamente attivo, nel frattempo purifica anche il nuovo ambiente dalle energie di cui è impregnato. Ogni casa ha la sua storia, le sue energie, i suoi pensieri che poi sono quelli dei suoi abitanti, quindi procedete a settantadue ore di attivazione e purificazione. Scegliete bene l'orario perché ogni giorno dovrà essere spostata alla stessa ora, quindi dovrete essere sicuri di essere presenti per tre giorni consecutivi, i cinque minuti di ritardo sono tollerabili, se passa più tempo vi consigliamo di ricominciare di nuovo il processo di attivazione e purificazione. In queste settantadue ore dovrà essere solo una persona a spostare la Pentasfera, di solito è chi l'ha voluta fortemente a casa, dopo l'attivazione chiunque può farne uso. Ponete la sfera sul lato triangolo per 24 ore, altre 24 ore sul lato pentagono ed infine ancora 24 ore sul lato triangolo. Dopo questa operazione, la posizione naturale della Pentasfera è sul lato pentagono. Se senti di voler ripetere la purificazione fallo senza problemi ogni qualvolta ne senti l'esigenza.

## Come si usa

Il suo funzionamento base è di attrarre, purificare, saldare e riemettere in circolo l'energia, in tutto il suo raggio di azione che varia dai 500 ai 1500mt per una Pentasfera di 32 cm di diametro. Al centro della Pentasfera c'è la maggiore concentrazione di energia, quindi posizionandoci dei "*Testimoni*", come foto, intenti, circuiti radionici, cristalli e altro, si avrà un effetto più mirato. La figura geometrica di appoggio, ha una diversa funzione, infatti se la Pentasfera è appoggiata sul lato pentagono, (Ricettivo, Femminile, Yin) è adatto per lavorare per te stesso e per ciò che riguarda il tuo mondo. Questa posizione è esclusiva e dedicata ai proprietari della Pentasfera. Se invece è appoggiata sul lato triangolo, (Espansivo, Maschile, Yang) è adatto per l'invio di energie verso altri soggetti "*consenzienti*". Ricordo che esiste il libero arbitrio, non possiamo, e comunque la Pentasfera non avrebbe nessun effetto, decidere di operare noi per gli altri, senza aver ricevuto il permesso o la richiesta di aiuto dell'altra persona. Senza il permesso, l'unica cosa che possiamo fare è posizionare la Pentasfera sul lato pentagono e scrivere un intento dove chiediamo che alla persona in difficoltà, a noi cara, gli arrivi l'energia necessaria affinché si renda consapevole del suo stato attuale e ne prenda coscienza. I nostri stati fisici di malattia, anche gravi, disturbi psichici o materiali, come ad esempio il non essere felici, derivano tutti dalle nostre emozioni, che determinano i nostri comportamenti e di conseguenza le nostre scelte di vita. La malattia deve essere interpretata come un campanello d'allarme, se compresa, può essere la nostra salvezza, può aiutarci a prendere decisioni importanti per far si che la nostra vita si diriga in altra rotta e magari verso obiettivi più alti, il primo tra tutti, è l'abbandono dell'Ego. Una volta entrati in empatia con la Pentasfera, la frequenza vibrazionale del tuo intento, che nasce dal Cuore, viene automaticamente rilevata da questa potente antenna. Tuttavia, può essere sintonizzata su una specifica intenzione semplicemente istruendola. Questo può essere fatto concentrandosi su di essa durante la meditazione o tenendola tra le mani mentre si recita una preghiera.

Oltre che purificare e caricare o scaricare i Cristalli, puoi inserirli (leggi la sezione Cristalli) al centro della Pentasfera, per creare una richiesta specifica, ad esempio, un Quarzo rosa può essere usato per l'amore nella tua vita, un Ametista può essere utilizzato per amplificare i poteri intuitivi, o un cristallo di Quarzo Ialino può essere usato per promuovere la pace e l'armonia. E' possibile anche inserire dei soldi nel centro per attirare l'abbondanza, o anche le foto per proteggere una persona amata o aiutarla a guarire, come scrivevo poc'anzi, o un biglietto scritto di proprio pugno, che indica semplicemente un'intenzione specifica.

Al centro della Pentasfera, su di un bicchiere rovesciato, oltre i Cristalli, possiamo scaricare da influenze negative le nostre carte divinatorie, come i Tarocchi, le Sibille, le carte degli Angeli ecc. Inserendo all'interno una bottiglia è possibile purificare e potenziare l'acqua. Inoltre possiamo annullare la parte negativa dei medicinali allopatici e sintetici e potenziare solo l'effetto del principio attivo necessario. Non inserite mai nella Pentasfera i farmaci omeopatici o cure alternative (es. Fiori di Bach), in quanto le loro frequenze sono già regolate sul nostro corpo olistico, quindi non necessitano di ulteriore purificazione, anzi alcuni composti potrebbero essere disattivati, perdendo l'efficacia curativa.

Posizionate la Pentasfera in qualsiasi parte della casa, ma vi consiglio di fare come per il nome, abbracciatela e camminate nelle varie stanze della casa fin quando non avrete la netta sensazione di essere nel posto giusto. E' possibile anche dormire con la Pentasfera in camera sul comodino, o vicino al cuscino, per agevolare il sonno ristoratore e i sogni lucidi.

L'intento (ogni tuo desiderio) devi scriverlo su un foglietto, posizionato sempre al centro della Pentasfera. L'intento deve sempre iniziare con le parole *"Io voglio"*, è importante che sia un intento scritto con il Cuore e preciso al dettaglio. Non inserire nel testo le parole che hanno in se una negazione come, No, Non, Se, Ma, vivi quello che scrivi, perché tutto è già tuo se lo vuoi fortemente. Prendetevi un po' di tempo per scrivere ciò che volete realizzare nella vostra esistenza, scrivete solo ciò che volete veramente. Il principio per realizzare l'intento è composto da tre punti fondamentali, Chiedere, Avere Fede, Saper Ricevere. Puoi tenere l'intento un'ora dentro la Pentasfera, ma io raccomando sempre di seguire il "sentire", fidati della tua vocina interiore, lei sa tutto! Al termine del tempo di posa, togli il foglietto dalla Pentasfera e se vuoi conservalo finché il desiderio non si è realizzato, poi se vorrai, lo restituirai agli elementi, magari in un corso d'acqua, oppure puoi distruggerlo con il fuoco, o più semplicemente strapparlo in tanti pezzi e gettarlo via.

Cani e gatti, i nostri fedeli amici a quattro zampe, sono incuriositi e attratti dalla Pentasfera. I gatti in particolare si addormentano all'interno della Pentasfera, specialmente quando non sono in forma o hanno operato su di noi raccogliendo le nostre energie negative, in questo modo si scaricano ripulendo la loro energia fisica.

In origine la Genesa Crystal, da cui la Pentasfera, la sua evoluzione, è stata progettata ed utilizzata proprio dal Dott. Langham, per rinvigorire coltivazioni e piante. Quindi anche tu se vuoi aiutare le piante e gli alberi in giardino a crescere, aumentare la resa dei loro frutti o fare del bene alle tue piante d'appartamento, allora basta che posizioni la Pentasfera in maniera che copre tutta l'area necessaria. Le piante diventano luminose e piene di vitalità, allontanano gli insetti indesiderati che danneggiano gli alberi e le piante, insomma aiuta a riequilibrare e riarmonizzare il ciclo energetico vitale naturale terra/cielo.

La Pentasfera ha una azione molto importante sul piano spirituale e sull'aura. Può essere fautrice di guarigioni importanti, perché il corpo, quando si ammala, è il riflesso di una energia disarmonica che si ripercuote sulla sua aura, agendo su di essa si guarisce anche il corpo (siamo esseri psicosomatici). Chi sta lavorando su di sé per crescere e maturare nuove consapevolezze allineate con il Corpo dello Spirito troverà nella Pentasfera uno strumento meraviglioso. La Pentasfera amplifica le facoltà extrasensoriali, è indicata per la meditazione, per i viaggi astrali, agevola i sogni premonitori, si occupa della tua crescita spirituale e della protezione da energie disarmoniche in arrivo. Possiede in sé la Potenza del Divino nel creato.

## La numerologia della Pentasfera

La Pentasfera è il prodotto finale di tante discipline e conoscenze. In pratica, in questo testo, ho trattato tutti gli argomenti affinché il lettore possa avere un quadro più ampio sulla struttura fisica ed eterico spirituale della Pentasfera. Certo è che per ogni sezione c'è ancora molto da scrivere, ma ritengo che sia già sufficiente per attingere a saperi più elevati e per far nascere la curiosità per una ricerca più approfondita e per la conseguente sperimentazione. Ho scritto e trattato di solidi platonici, di Geometria Sacra, e Proporzione Aurea, passando dalle conoscenze delle frequenze vibrazionali della quinta essenza, per arrivare al suono, ai colori, alla materia, quindi ai Cristalli, alle applicazioni con i Chakra, per arrivare allo Zodiaco e al Nome, affinché la Pentasfera raggiunga il rango di Essere esistente e di oggetto posto al confine tra il mondo fenomenico e i mondi spirituali. C'è quest'ultimo tassello da aggiungere affinché il quadro generale sia completo, ed è la numerologia. I numeri e quindi i simboli che la Pentasfera porta con se nella sua struttura. Vediamo quali sono e il loro significato esoterico: La Pentasfera è composta da 1 sfera, ha 20 triangoli (3 angoli), ha 12 pentagoni e quindi 5 angoli, è costituita da 6 lame, infine ha 30 giunzioni e un diametro di 32 centimetri.

# 1 Uno

L'1 è il numero di Dio, che gli occultisti identificano con la Cosa Unica, nella quale si riassumono e sintetizzano l'Universo, l'Uomo e la Natura Divina. L'Uno è il Principio Attivo, il Creatore. L'Uno è la Prima Manifestazione del Numero, è il Numero allo Stato Puro, il germe di ogni Essere, di ogni Esistenza. L'Uno è il simbolo dell'Essere e della Rivelazione agli esseri umani dell'Essenza Spirituale. Rappresenta anche l'Unità Spirituale, cioè la base comune che comprende tutte le cose, la sua forza sta nel suo valore qualitativo di unire e di origine, per questo motivo è un numero sacro venerato sin dai tempi più remoti. Tutte le tradizioni parlano di un'origine in cui regnava l'unità, il non-manifesto senza divisione, l'unificazione delle energie e la totalità. Da questa origine sono nate tutte le cose e la manifestazione. Dal numero 1 scaturiscono due energie uguali e contrarie che formano la materia. L'unione di queste due energie, maschile e femminile, dentro l'Uno, creano la nuova vita. Il numero 1 in quanto simbolo unificante, ha un grande capacità evocatrice, permette di creare legami riunendo gli elementi separati, come la terra e il cielo, il macrocosmo e il microcosmo. L'Uno nella simbologia esoterica non è considerato un numero, avendo una valenza principiale come unità, da cui si originano e fanno ritorno tutti i numeri.

# 3 Tre

Il Numero Tre è il simbolo del ternario, la combinazione di 3 elementi. Il ternario è uno dei simboli maggiori dell'esoterismo. Esprime un Ordine Intellettuale e Spirituale, in Dio, nel Cosmo o nell'Essere Umano. Risulta dalla Congiunzione di 1 + 2, prodotto dall'Unione del Cielo e della Terra. E' il compimento della Manifestazione, l'Essere Umano figlio del Cielo e della Terra completa la Grande Triade. Il Numero diviene operativo e creatore con il "3". In tutte le Tradizioni, la Divinità Creatrice è presentata sotto un Triplice Aspetto, Statico, Dinamico, Conciliatore (i 3 Raggi Celtici), Creatore, Distruttore, Conservatore (Brahma, Shiva, Visnù), Padre, Madre, Figlio (Padre, Spirito di Verità e d'Amore, Figlio). Primo numero dispari, poiché l'uno non è considerato un numero, il

3 è profondamente attivo e possiede una grande forza energetica. È il simbolo della conciliazione per il suo valore unificante. Infatti tanto il Due separa quanto il Tre riunisce. La sua espressione geometrica è il Triangolo, simbolo esemplare del ritorno del multiplo all'unità: due punti separati nello spazio, si assemblano e si riuniscono in un terzo punto situato più in alto. Il 3 apre la strada della mediazione e permette di uscire dall'antagonismo, superando la visione parziale e riduttiva del dualismo, poiché due elementi non possono essere conciliati che con l'ausilio di un terzo elemento. La triade sintetizza i poli opposti della diade. Il 3 è dunque numero simbolo di vitalità e radice di ogni ulteriore estrinsecazione delle operazioni dell'Uno nell'alterità del molteplice.

## 5 Cinque

Il numero Cinque simboleggia la vita universale, l'individualità umana, la volontà, l'intelligenza, l'ispirazione e la genialità. Il Cinque simboleggia anche l'evoluzione verticale, il movimento progressivo e ascendente. Essendo il numero dell'uomo, come mediano tra terra e cielo indica la possibile trascendenza verso una condizione superiore. Si tratta di un numero eminentemente umano, e come tale simbolicamente suscettibile di deviazione dall'ordine spirituale che gli conferisce invece valenze positive. Tale deviazione ha luogo allorché l'individualità e la vitalità, deducibili dal riferimento ai 5 sensi ed all'articolazione quinaria dell'essere umano nella raffigurazione leonardesca (uomo vitruviano, stella a cinque punte), pretendono di staccarsi dall'Uno per diventare autocentriche. Il numero 5, come tutti i numeri dispari genera attività, nella forma positiva di evoluzione, di movimento progressivo di elevazione, oppure in quella negativa di involuzione, di discesa e di degradazione. Il quinario collega l'alto con il basso e può far tendere verso uno di questi poli. Il suo valore positivo o negativo è bene rappresentato dalla figura geometrica del Pentagramma. Quando il Pentagramma è dritto si identifica con l'uomo (stella a cinque punte), nella sua valenza positiva.

Il Sei è un numero mistico e ambivalente nel suo significato, in quanto è il numero dell'equilibrio e dell'ordine perfetto. La sua ambivalenza è rappresentata graficamente dalla Stella a sei punte (Sigillo di Salomone) che permette di comprendere la contraddizione insita nel numero Sei. La stella a 6 punte è formata dall'unione di due Triangoli: quello con la punta verso il basso, indica la materialità, quello con la punta verso l'alto, invece la spiritualità. L'interazione dei due triangoli è l'incarnazione dell'unione tra cielo e terra, tra la polarità maschile e la polarità femminile, generando l'armonia degli opposti, ma allo stesso tempo indica l'oggetto e il suo riflesso, l'immagine speculare deformante. Il numero 6 evoca la prova iniziatica, la scelta fondamentale che implica l'impegno attivo dell'iniziato a seguire la via dell'elevazione spirituale, senza disperdersi in illusioni. Il numero 6 che nell'antichità era consacrato a Venere è considerato simbolo della bellezza e della perfezione.

## 12 Dodici

Nella mitologia greca gli Dei principali del monte Olimpo sono Dodici. Dodici sono le "fatiche" di Eracle (Ercole) e il numero dei Titani e delle Titanidi. Nella letteratura medievale, 12 sono i Paladini di Carlo Magno e 12 sono i Cavalieri della Tavola Rotonda alla corte di re Artù. Dodici sono le Sephiroth (*Luci increate*), dell'Albero della vita, secondo la Cabala ebraica. Il numero 12 viene considerato il più sacro tra i numeri, insieme al Tre e al Sette. Il numero Dodici è in stretta relazione con il tre. Infatti, la sua riduzione equivale a tre $12 = 1 + 2 = 3$. Il numero 12 indica la ricomposizione della totalità originaria. In altre parole indica la discesa in terra di un modello cosmico di pienezza e di armonia. Infatti, il significato del numero Dodici indica la conclusione di un ciclo compiuto. Il 12 è il simbolo della prova iniziatica fondamentale. Questa prova permette di passare da un piano ordinario ad un piano superiore, Sacro. Il Dodici possiede un significato esoterico molto marcato in quanto associato alle prove fisiche e mistiche che deve compire l'iniziato. Superate le prove induce ad una trasformazione, in quanto il passaggio si compie su prove difficili, le uniche che portano ad una vera crescita. In molte culture i riti iniziatici si compiono all'età di 12 anni, dopo di che si entra in un'età adulta.

## 20 Venti

Il numero 20 è un mix di energie e simbolismo dei numeri 2 e 0. Il numero 2 indica dualità, armonia ed equilibrio, servizio, dovere, relazioni, partenariati, diplomazia, adattabilità, cooperazione, amore e ricettività. Il numero 2 è anche il numero del tuo scopo divino nella vita e della missione della tua anima. Il numero 0 simboleggia Dio e l'Universo. Amplifica l'energia del numero accanto al quale appare. Il numero 0 simboleggia lo sviluppo della tua spiritualità e spesso indica l'inizio del tuo percorso spirituale. Questo numero è un promemoria per ascoltare la tua intuizione e saggezza interiore, per trovare le risposte che cerchi. Il numero 20 è considerato un numero universale, che incarna l'energia del cosmo e dei pianeti. Rappresenta un periodo che precede il completamento, che richiede pazienza e attesa. Questo numero nel suo simbolismo contiene anche una dualità, nel senso che possiamo scegliere il cammino verso Dio o no, ed è esclusivamente la nostra scelta. Il numero 20 porta il messaggio degli Angeli di amore, incoraggiamento, sostegno e guida. Questo numero è una benedizione nella tua vita. Ti riempie di ottimismo, felicità e gioia. Le persone sotto l'influenza del numero 20, spesso hanno la missione in questa vita di aiutare coloro che soffrono e hanno bisogno di aiuto. Queste persone illuminano gli altri e danno loro una guida.

## 30 Trenta

Il numero 30 è costituito dalle vibrazioni del numero 3 e del numero 0. Il numero 3 trasporta le energie di comunicazione e di auto-espressione, la spontaneità e il carisma, l'entusiasmo e l'esuberanza, l'espansione dei principi e di crescita, l'ispirazione e la creatività. Il numero 3 si riferisce anche alla manifestazione e ai Maestri Ascesi. Il numero 0 risuona con l'eternità, l'infinito, l'unicità, la completezza, i cicli continui e il flusso, il punto d'inizio. Il numero

0 sta per potenziale e/o scelta, ed è un messaggio che riguarda lo sviluppo dei propri aspetti spirituali in quanto si ritiene di rappresentare l'inizio di un cammino spirituale e mette in evidenza le incertezze che possono comportare.   Vi suggerisce di ascoltare la vostra intuizione, la saggezza interiore e il Sé Superiore e dove troverete tutte le risposte.   Il numero 0 ingrandisce e amplifica le energie e gli attributi del numero, quando appare con il numero 3, questo rende il numero 30 un insieme di gioia, creatività il risveglio spirituale e l' essere spiritualmente collegato alla sorgente.

## 32 Trentadue

Le 22 lettere sacre dell'alfabeto ebraico (ognuna delle quali è Vivente e rappresenta un numero) indicano le vie da percorrere per passare da una Sephirah all'altra. Le dieci Sephiroth e le 22 Vie rappresenterebbero, ci dice Levi, i 32 sentieri sentieri di Rabbi Abraham e potrebbero chiamarsi "I 32 gradini della scala santa". I 32 sentieri (le dieci Sephiroth più le 22 Vie) vengono definiti dai Kabbalisti vie di Sapienza (Chakmah). La Sapienza dei kabbalisti è la Mente Pura ed Indifferenziata al di sopra di ogni divisione. E' la pura forza mentale che trascende il tempo e dunque, percorrendone le vie, si potrà giungere alla vera essenza del divino "Sepher Yetzirah". I Kabbalisti fanno infatti notare che i 32 sentieri hanno le loro corrispondenze nel sistema nervoso umano. Trentuno di questi sentieri corrisponderebbero ai 31 nervi che emanano dalla spina dorsale. Il trentaduesimo, il sentiero più elevato, corrisponderebbe invece all'intero complesso di nervi craniali. Tale sistema svolgerebbe un duplice ruolo trasmettendo, da una parte, i messaggi del cervello a tutte le parti del corpo consentendo alla mente il controllo, e dall'altra parte, il sistema nervoso trasmetterebbe informazioni dai vari sensi al cervello. Al pari dei nervi, ciascuno dei 32 sentieri è una strada a doppio senso. Prima vi è la strada tramite la quale la Mente esercita il controllo sulla Creazione (corpo). In secondo luogo vi è la via attraverso la quale l'uomo può raggiungere la Mente. Ecco che quindi il viaggiare su per i 32 sentieri consentirebbe di avere una esperienza mistica. Il concetto di "risveglio della Kundalini", che seppur appartenente ad una dottrina orientale ben si è radicato nella nostra cultura, ben si sposa con il nostro concetto occidentale contenuto nella Cabala. Il numero 32 può inoltre essere visto come due elevato alla quinta. Come spiega il Sepher Yetzirah (1:5), le Dieci Sephiroth definiscono uno spazio a cinque dimensioni e i 32 sentieri corrisponderebbero ad un "ipercubo pentadimensionale".

Solo per curiosità, aggiungo qualche informazione in più su questo numero. Secondo la tradizione buddista, la madre di Buddha ha osservato 32 mesi di astinenza e si è dovuta dotare di 32 qualità, questo perchè Buddha aveva 32 virtù. Il 32 è parte delle terne pitagoriche (24, 32, 40), (32, 60, 68), (32, 126, 130), (32, 255, 257). Nella Genesi è con il nome di Elohim che Dio si rivela per la prima volta, Elohim è scritto 32 volte.

Riassumendo i numeri sono: 1, 3, 5, 6, 12, 20, 30, 32, proviamo a sommarli 1+3+5+6+1+2(12)+2+0(20)+3+0(30)+3+2(32)= 28 riduciamo il numero 28 2+8= 10 adesso riduciamo il numero 10 1+0= 1. Anche se la Pentasfera non può raggiungere la perfezione nel mondo fenomenico, per via delle leggi delle tre dimensioni, tutti i suoi numeri tornano all'1, all'Unità Creatrice. E' la strada maestra che percorriamo anche noi, miliardi di Luci rivestite di Luce, in cammino per riunirci all'Uno.

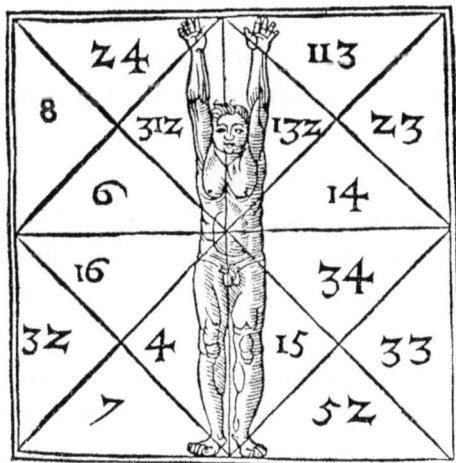

# La costruzione

La creazione di una Pentasfera, è un atto d'Amore, pertanto alla sua nascita avrà già in se tutti i buoni propositi e le più pure energie, affinché chi la riceverà, potrà trarne i massimi benefici. Come già avevo anticipato, la sua costruzione ha delle regole numeriche precise, risponde alla geometria Sacra, alla Sapienza, al pensiero intenzionale e alla responsabilità. Le forze a cui si accede durante la costruzione sono potenti e positive, ma possono essere anche corrotte da energie negative, dovute ad uno stato d'animo non sereno, da emozioni negative, e da intenti e scopi non rivolti al BenEssere degli altri. Quindi il Mastro Costruttore, prima di mettersi all'Opera si chieda se il momento è propizio e se gode della giusta pace e serenità interiore, affinché il lavoro sia svolto a Regola d'Arte.

Nei giorni propizi e quando siamo sereni, e solo in quei giorni, io e la mia compagna di vita e di studi Francesca (Yin e Yang), ci prepariamo al lavoro di costruzione, da prima detergendo il nostro corpo, poi facendo venti minuti di meditazione per poi accedere nella stanza dove costruiamo le Pentasfere. Prepariamo l'ambiente di lavoro, purificandolo da possibili entità negative o pensieri stagnanti, con Salvia indiana (Salvia bianca americana) e legno di Palo Santo. Accendiamo le nostre candele spesso autoprodotte con cera d'Api, Benedette il giorno della Candelora. Chiediamo Luce al Padre Celeste, attraverso una candela posta sul tavolo di lavoro, Luce sulla nostra Opera, affinché ci guidi su ciò che facciamo, così da rimanere concentrati e fermi sulle nostre benevoli intenzioni, in maniera che alle famiglie, tramite le nostre creazioni, possa arrivare solo il meglio di ogni bene possibile e grazia Divina. Una candela posta su un ripiano, viene accesa alle guide spirituali e ai familiari che ci erano vicini in vita, agli Angeli Custodi, affinché ci proteggano dalle energie negative durante il lavoro di costruzione. Solo dopo questi momenti di raccoglimento e preparazione, prendiamo il materiale e procediamo con il taglio a misura delle Lame, per poi praticare i fori di connessione, queste sono le uniche lavorazioni che possono essere fatte meccanicamente. A questo punto della lavorazione il metallo (Alluminio Ergal) registra una energia che varia da 4.000 a 7.000 UB (Unità Bovis). Con la recita di un antico Mantra, che Benedice il Divino e il suo Nome e abbraccia tutte le consapevolezze (ne abbiamo parlato nelle pagine precedenti), si piegano a mano le sei Lame fino a farne un cerchio, il più perfetto possibile. Dopodiché inizia il montaggio con l'intersezione delle Lame. Maschile e Femminile lavorano insieme, Lama dopo Lama vengono incrociate e sovrapposte, i bulloni vengono inseriti e avvitati i dadi. Si procede all'accordatura, si serrano i dadi quel tanto che basta per rispettare la sfericità. L'ultimo dado accordato determina l'ora di nascita, che servirà per il calcolo del segno zodiacale e dell'ascendente e delle sue qualità. Si calcola tramite il pendolino e un biometro, l'energia emessa dalla Pentasfera, di solito oscilla tra i 20.000 e i 30.000 UB. Una nuova Pentasfera dai piani vibrazionali e per volontà dei Mastri Costruttori, è scesa in questa dimensione terrena, pronta ad essere riconosciuta, una volta che al proprietario, la Pentasfera gli comunicherà il suo Nome per questa dimensione.

# Conclusioni

Il web è diviso su come dovrebbe essere costruita una *Pentasfera* e una *Genesa*. Alcuni sostengono che gli incroci devono essere perfetti, che i rivetti sono meglio dei dadi, che la *Pentasfera* deve avere un'equatore... discussioni che io ritengo inutili. Avrei potuto dedicare altre pagine per spiegare e rispondere in maniera più approfondita, ma ritengo che tutto quello che ho scritto fino a qui, sia sufficiente per capire che certe prese di posizione sono solo atteggiamenti bambineschi per affermare la qualità migliore del proprio "prodotto". La vera domanda è: siamo proprio sicuri sia un prodotto e non una profonda ricerca, prima di sé stessi e a seguire di tutto il resto? Già nelle prime pagine sottolineavo la differenza tra Mastri Costruttori e semplici "commercianti". Non è nelle mie intenzioni, quindi, chiudere quest'opera con una polemica, lascerò a voi lettori trarre le conclusioni, fornendovi ancora uno spunto di riflessione, che ho trovato tra le pagine web:, scritto da Cristiano Tenca, autore del libro "Parole Magiche", e condivido in pieno il suo contenuto:

*"Costruttivamente parlando, una perfetta Pentasfera non sarebbe realizzabile in natura, poiché il materiale che la comporrebbe dovrebbe avere spessore zero. Le intersezioni non sarebbero sovrapposte, ma coesistenti e che si compenetrino nello stesso spazio immaginario. La traduzione del progetto archetipo verso un modello materiale ha così generato dei compromessi costruttivi. Ogni materiale esistente in natura, anche il più sottile, possiede infatti uno spessore che nell'assemblaggio e nell'accostamento dei singoli componenti modifica ciascuno dei sei cerchi, rendendo la struttura meno perfettamente circolare e sferica. Ne consegue che incrociare le stecche in maniera alternata, come diversi fanno, facendole cioè passare una volta sotto e una volta sopra, risulterebbe la scelta costruttiva meno geometricamente perfetta e meno armonica, giacché lo " zigzagare" dei cerchi non è di beneficio alla sfericità finale della struttura. Esistono almeno tre modi diversi di assemblare una Pentasfera, cioè di eseguire gli intrecci e la maniera migliore è sempre quella che dona alla struttura una maggiore sfericità. Nella sperimentazione pratica s'è peraltro notato che tutti i sistemi di assemblaggio sono validi e generano risultati buoni a prescindere. Riguardo alla scelta dei perni, rivetti o viti che bloccano le intersezioni, si*

consiglia di adottare innesti che non fuoriescono eccessivamente all'interno o all'esterno, onde evitare interferenze sui campi elettromagnetici a discapito della fluidità di scorrimento delle energie elettromagnetiche. Tuttavia questo accorgimento tiene conto, appunto, solo dei campi elettromagnetici e non di altre energie ipotizzate attorno a una Pentasfera, come campi energetici più sottili, più "Sacri", attualmente non misurabili e che non si lasciano di certo ostacolare dalla forma della materia, da un rivetto o da un dado cieco.

Per questa ragione chi si occupa della costruzione dovrà valutare nelle scelte dei materiali e componenti l'insieme dei fattori energetici, nel rispetto della migliore simmetria ottenibile e della maggiore perfezione realizzabile della sfera".

"Non aver paura della perfezione: non la raggiungerai mai."
Salvador Dalì

## Ringraziamenti

Voglio concludere, ringraziando gli Amici che mi hanno spronato a scrivere quest'opera, mio figlio Mattia per le foto e la grafica della copertina, Riccardo Mattia che mi ha prestato consiglio e ha curato con passione e sapienza la correzione delle bozze, oltre che la prefazione di questo libro. Dulcis in fundo, la mia compagna d'Arme Francesca, silenziosa, paziente e dolcissima presenza.

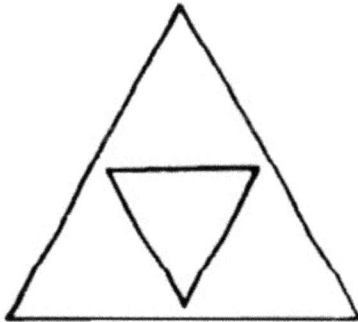

# Bibliografia e approfondimenti

Bhagavadgītā
BAILEY Alice, Le fatiche di Ercole
BENASSAI Alessandro, Colori e Musica
BIATO Paola, Biancaneve e i sette Nani esoterico
BRUNO Giordano, Ultimo dialogo con Sagredo
DESCARTES Renè, La geometria
EMMER Michele, Visibili armonie
HARAMEIN Nassim, La teoria del tutto
KANDINSKIJ Vasilij, Lo spirituale nell'arte
KEPLERO Johannes, Mysterium cosmographicum
LEVI Eliphas, Dogma dell'Alta Magia
OSIRIDE, Testo dei Sarcofagi
PALAMIDESSI Tommaso, L'ascesi Artistica, i Colori e la Pittura
PALAMIDESSI Tommaso, L'Astrologia Iniziatica archeosofica
PALAMIDESSI Tommaso, Astrologia Mondiale
PALAMIDESSI Tommaso, La costituzione occulta dell'Uomo e della Donna
PALAMIDESSI Tommaso, Loto + Croce
PALAMIDESSI Tommaso, Tradizione Arcaica e fondamenti
dell'iniziazione archeosofica
PLANCK Max, The Essence/Nature/Character of Matter
Reich Wilhelm, La scoperta dell'orgone
SENECA, Lucius Annaeus, Epistulae morales ad Lucilium

# Citazioni

## Fonti dal web

Le luci del Tempio
Loggia 1051
Scarabeo Kheper
Sentieri iniziatici

# Note

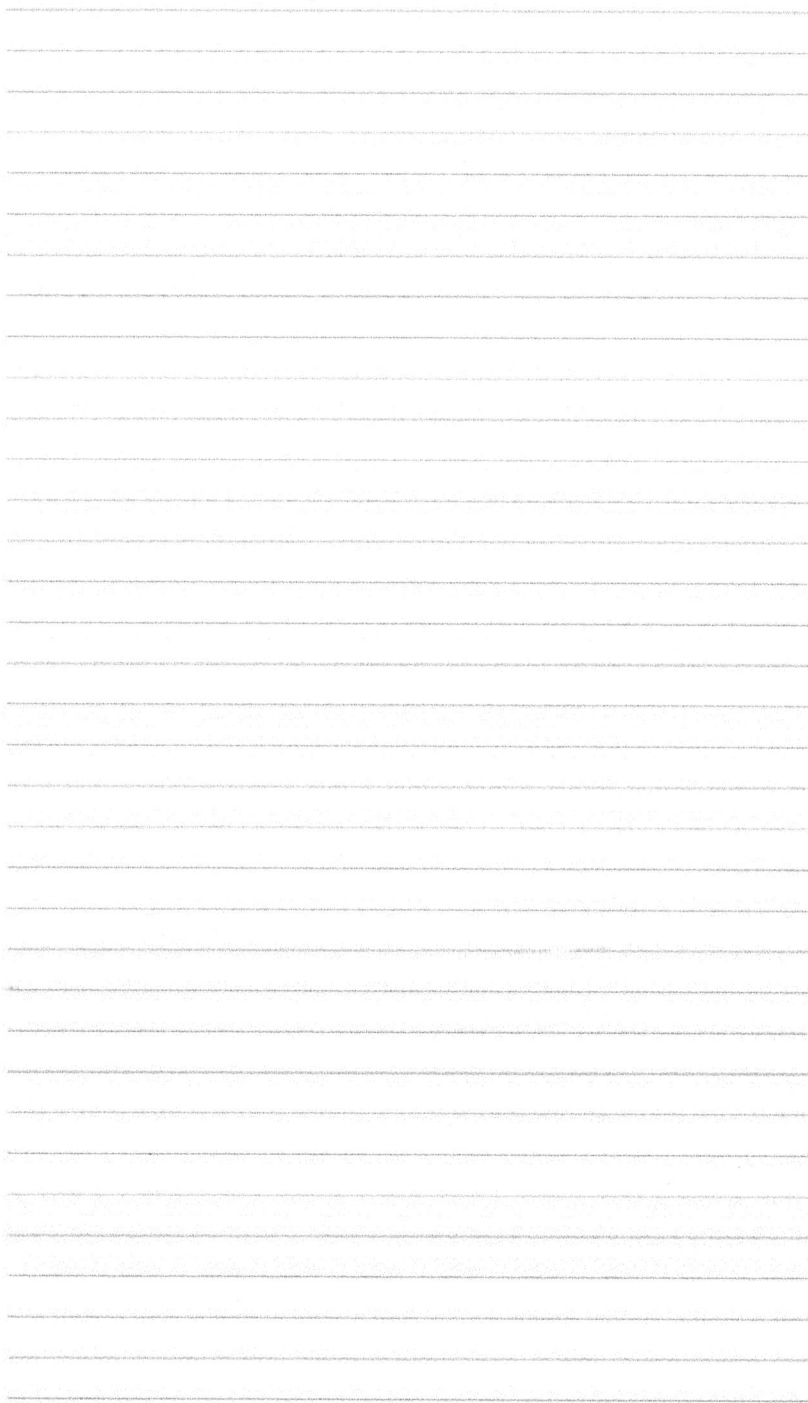

Lightning Source UK Ltd.
Milton Keynes UK
UKHW010640240921
391121UK00006B/517

9 780244 240660